Alltag, Beruf
& Co. 4

Kursbuch + Arbeitsbuch

Norbert Becker

Jörg Braunert

Hueber Verlag

Zu **Alltag, Beruf & Co. 4** gehören die Audio-CDs zum Kursbuch (ISBN 978–3–19–431590–7),
das Wörterlernheft (ISBN 978–3–19–451590–1) und das Lehrerhandbuch (ISBN 978–3–19–441590–4).
Weitere Materialien zu diesem Lehrwerk finden Sie in unserem Internet-Lehrwerkservice unter
www.hueber.de/alltag-beruf.

Beratung:
Dr. Bernd Zabel, Goethe-Institut, Leiter der Spracharbeit in Schweden

Danksagung:
Herr Wolfgang Becker (Harxheim) hat den Autoren für die Manuskriptarbeit an AB&C 4 in
dreiwöchiger Klausur sein Landhaus in Sien im Hunsrück überlassen. Der Verlag und die Autoren
danken ihm für diese großzügige Förderung.

Zeichenerklärung

CD 1,1  Den Hörtext für diese Aufgabe finden Sie auf den Audio-CDs zum Kursbuch
(ISBN 978–3–19–431590–7) unter der angegebenen Track-Nummer. In diesem
Beispiel ist es auf der CD1 der Track 1.

AB 1 Den Hörtext für diese Aufgabe finden Sie auf der in diesem Buch eingeklebten
Audio-CD zum Arbeitsbuch unter der angegebenen Track-Nummer.

S. 12 A Hierzu gibt es eine Übung im Arbeitsbuchteil auf der angegebenen Seite.
In diesem Beispiel ist es die Übung A auf Seite 12.

Gr. S. 11, 1 Eine erklärende Darstellung zu diesem Grammatikthema finden Sie
auf der angegebenen Seite im angegebenen Abschnitt. In diesem Beispiel ist es
der Abschnitt 1 auf Seite 11.

4.	3.	2.			Die letzten Ziffern
2016	15	14	13	12	bezeichnen Zahl und Jahr des Druckes.

Alle Drucke dieser Auflage können, da unverändert, nebeneinander benutzt werden.
1. Auflage
© 2010 Hueber Verlag, 85737 Ismaning, Deutschland
Layout und Satz: DESIGN IM KONTOR, München: Iris Steiner, Andreas von Hacht
Zeichnungen: Michael Luz, Stuttgart
Titelbild: © getty images/Per Magnus Persson
Gesamtherstellung: Firmengruppe APPL, aprinta druck, Wemding
Printed in Germany
ISBN 978–3–19–401590–6

Liebe Lehrerinnen und Lehrer,
liebe Lernerinnen und Lerner,

Sie halten den vierten Band des Lehrwerks **Alltag, Beruf & Co. (AB&C)** in der Hand. Die ersten vier Bände decken die Stufen A1 und A2 des Gemeinsamen Europäischen Referenzrahmens ab. Sie führen zu den Prüfungen Start Deutsch 1 (A1), Start Deutsch 2 (A2) und zur berufsorientierten Variante telc Deutsch A2+ Beruf. Die Bände 5 und 6 decken die Stufe B1 ab und führen zum Zertifikat Deutsch (B1) sowie zu telc Deutsch B1+ Beruf.

Für welche Lernergruppen ist AB&C gedacht?

Das Lehrwerk wendet sich an Lerner, die in Deutschland, Österreich oder der Schweiz leben, die dort arbeiten oder in ihrem Heimatland mit deutschsprachigen Geschäftspartnern zu tun haben.

Die Verbindung von Alltag und Beruf

Wer sich heutzutage zum Erlernen der deutschen Sprache entschließt, hat dafür meist berufliche Gründe. Man benötigt Sprachkenntnisse, um die alltäglichen Lebensbedürfnisse zu bewältigen und um sich in der beruflichen Wirklichkeit zurechtzufinden. AB&C stellt sich beiden Anforderungen. Es verlangt von Ihnen nicht die Entscheidung zwischen „mehr Allgemeinsprache" oder „mehr Berufssprache". Erstmals haben Sie mit AB&C ein Lehrwerk, das die Trennung von beiden Bereichen überwindet.

In den kurzen, überschaubaren 10 Lektionen serviert AB&C den Lernstoff in kleinen Portionen. Die erste Doppelseite der Lektion enthält Situationen, Inhalte, Wortschatz und Mitteilungsabsichten aus **lebensnahen Alltagssituationen**.

Die zweite Doppelseite greift den Stoff der ersten Doppelseite wieder auf und überträgt und erweitert ihn ins **berufliche Umfeld**. Ist für Sie der Alltag oder die berufliche Seite wichtiger? Sie, die Kursteilnehmer und Lehrkräfte, können entscheiden.

Die Lektion endet mit dem **Magazin** – Lese-, Hör- und Übungsangebote, manchmal überraschend, manchmal am Rande der Wirklichkeit und manchmal nicht ganz ernst gemeint. Auf der gegenüberliegenden Seite finden Sie den **Grammatikstoff der Lektion** – zum Nachschlagen, zur Kontrolle und zum Wiederholen.

Für die Vertiefung im Unterricht und für die Arbeit zu Hause folgt zu jeder Doppelseite in der Lektion jeweils eine Doppelseite **Übungen**. Mit dem Kursbuch erwerben Sie die **CD mit den Hör- und Sprechübungen**. Damit wird AB&C zu einem kompakten Kraftpaket.

Am Ende des Kursbuchs finden Sie einen **Abschlusstest**.

Das Lehrerhandbuch enthält neben einer leicht verständlichen Begründung des didaktisch-methodischen Ansatzes einen Vorschlag zur Unterrichtsgestaltung für jede Lektion, dazu die Transkripte der Hörtexte und -übungen und den Lösungsschlüssel. Nach den Lektionen 2, 4, 6, 8 und 10 finden Sie Kopiervorlagen mit Lern-Kontrolltests.

Das Wörterlernheft präsentiert den Lernwortschatz einer jeden Lektion mit einem typischen erklärenden Kontext, schließt Übungen zur Vertiefung und Selbstüberprüfung an und lässt Raum für Notizen.

Zum Lernpaket gehören auch zwei **CDs mit den Hörübungen und Dialogen** des Lektionsteils. Weitere Übungsangebote finden Sie im **Internet** im Lehrwerkservice von **Alltag, Beruf & Co.** unter www.hueber.de/alltag-beruf.

Viel Spaß und Erfolg beim Lehren und Lernen wünschen Ihnen

Autoren und Verlag

Inhalt

Vorwort 3

Lektion 1 So sind wir, so machen wir's.

Im Alltag	Patchwork-Familie, Verwandtschaftsbeziehungen, Familienstand – Regeln des Zusammenlebens	6–7
Im Beruf	Unternehmen, Betrieb, Konzern – Bereich, Abteilung, Zuständigkeit	8–9
Magazin	Lebensformen	10
Grammatik und Übungsteil		11–15

Lektion 2 Gäste, Besucher: „Herzlich willkommen!"

Im Alltag	Wohnung – Tätigkeiten im Haushalt – Häufigkeit – *gelegentlich, normalerweise, regelmäßig*	16–17
Im Beruf	Der Betrieb – Tätigkeiten in den Abteilungen – Ablauf, Reihenfolge	18–19
Magazin	Unheimliche Besucher – Das Kuckucksei	20
Grammatik und Übungsteil		21–25

Lektion 3 Billig oder preiswert?

Im Alltag	Haushaltsgeräte, ihre Eigenschaften, ihre Leistung, ihre Ausstattung – Preise, technische Daten	26–27
Im Beruf	Der neue Transporter: Eigenschaften, Ausstattung, Leistung, technische Daten	28–29
Magazin	Die eierlegende Wollmilchsau	30
Grammatik und Übungsteil		31–35

Lektion 4 Was machen wir jetzt?

Im Alltag	Angesichts von Zwischenfällen neu planen	36–37
Im Beruf	Reihenfolge der Erledigung von Aufgaben festlegen und umstellen – Telefonate führen / E-Mails schreiben	38–39
Magazin	Planungstypen – Selbsttest zur Feststellung des eigenen Planungstyps	40
Grammatik und Übungsteil		41–45

Lektion 5 Lösungen statt Probleme

Im Alltag	Zahlungsarten – Teile des Fahrrads	46–47
Im Beruf	Einwandsbehandlung – Lösungen anbieten – Gesprächsregeln	48–49
Magazin	Verkaufspsychologie – Erfolgreiche Werbestrategien	50
Grammatik und Übungsteil		51–55

Grammatik

- Infinitivsätze:
  Wir versuchen, … zu…
  Wir bemühen uns, … zu …
- Possessivartikel (Nominativ, Akkusativ, Genitiv, Dativ)

- Passiv:
  Die Hausarbeiten werden gemeinsam erledigt.
  In der Teilefertigung werden Baugruppen gefertigt.

- Komparation:
  der/das/die schönere,
  der/das/die größte
- Verben:
  sich auszeichnen durch
  verfügen über
  sorgen für
  …

- Abfolge: *davor, danach, gleichzeitig, inzwischen, in der Zwischenzeit*
- Temporale Nebensätze:
  bevor, solange, nachdem, während, als, bis
- *es geht um / es handelt sich um*

- Reflexivpronomen im Dativ
- Personalpronomen (Wh.)
- Infinitivsatz mit *zu* (Wh.)

Lektion 6 Das schicken wir per Express.

Im Alltag	Auf der Post: *Briefe/Pakete frankieren, aufgeben, einwerfen, ...* – Porto, Zuschlag, per Express, ...	56–57
Im Beruf	Tätigkeiten im Versand – Am Telefon: *besetzt, zurückrufen, eine Nachricht hinterlassen, ...*	58–59
Magazin	Unternehmensgeschichte DHL – Urlaubsgruß	60
Grammatik und Übungsteil		61–65

Grammatik

- Nebensätze:
  wenn
  damit (nicht)
- *sonst (nicht)*
- Satzklammer: trennbare Verben

Lektion 7 Das Leben geht weiter.

Im Alltag	Lebensstationen und Werdegang	66–67
Im Beruf	Personalentwicklungsgespräch – berufliche Zukunftspläne	68–69
Magazin	Fortschritt und Rückschritt – Sprachbeherrschung und Small Talk	70
Grammatik und Übungsteil		71–75

- Temporale Nebensätze
- Vergangenheit: Perfekt und Präteritum
- *würde/hätte/wäre gern*

Lektion 8 Da stimmt etwas nicht.

Im Alltag	Defekte und Störungen	76–77
Im Beruf	Fehler – Reklamation und Beschwerde – Zwischenfälle	78–79
Magazin	Lösungen statt Probleme	80
Grammatik und Übungsteil		81–85

- Infinitivsatz und *dass*-Satz (Übersicht)
- Reflexivpronomen im Dativ und Akkusativ

Lektion 9 Es stand in der Zeitung.

Im Alltag	Medien: Zeitung, Zeitschrift, Fernsehen, Internet, ... – Meinungen vortragen, diskutieren	86–87
Im Beruf	Kommunikation im Unternehmen: Schwarzes Brett, Werkzeitung, Kollegengespräche	88–89
Magazin	Eine Zeitung für alle Tage	90
Grammatik und Übungsteil		91–95

- Personalpronomen
- Reflexivpronomen
- *worüber – darüber*
  wofür – dafür
- ...

Lektion 10 Arbeit ist nur (?) das halbe (?) Leben.

Im Alltag	Freizeitaktivitäten vorschlagen – auf Vorschläge zustimmend/ablehnend reagieren	96–97
Im Beruf	Betriebliche Schauplätze – Berufs- und Privatleben – Betriebssport: Rückengymnastik	98–99
Magazin	Leistungsanteil und Beziehungsanteil	100
Grammatik und Übungsteil		101–105

- Partizip (Wiederholung)
- Nebensätze (Wiederholung)
  wenn, weil/obwohl, damit
- *sonst (nicht)*
- Passiv (Wiederholung)

Abschlusstest	106–110
Glossar	111–120

So sind wir, so machen wir's.

ist ledig
ist verheiratet
ist geschieden
ist geboren
lebt noch
ist gestorben

● Meine Mutter ist Lehrerin. Mein Vater ist Kaufmann. Ich habe drei Geschwister. Mein Bruder Klaus stammt aus der ersten Ehe meines Vaters. Meine Großeltern väterlicherseits leben noch. Meine große Schwester ist verheiratet. Der Mann meiner Schwester ...

▲ Irena hat gesagt, dass ihre Mutter Lehrerin ist. Ihr Vater ist ... Der Mann ihrer Schwester ist Franzose. ...

1   Ihre Familie

S. 12 A   Erzählen Sie einander von Ihrer Familie. Berichten Sie.

2   Familie Schnitzler-Kolasch

Wer sind die Personen oben?
Das Diagramm rechts hilft Ihnen.

Ist das überhaupt eine Familie?

Harold Brown ○|○ Schnitzler gesch. Brown ∞ Heinrich Kolasch ○|○ _____ _____

Susan Brown   Thomas Schnitzler   _____ Theißen

3   Ledig – verheiratet – geschieden

1, 1-3

a) Hören Sie. Tragen Sie die drei fehlenden Namen ins Diagramm oben ein.

Helga Schnitzler | Hanno | Silke Theißen

b) Um wen geht es in den Äußerungen?   Es geht um:

1 Es ist manchmal schwer, miteinander auszukommen.   *die ganze Familie*

2 Ich habe beschlossen, wieder nach Deutschland zurückzugehen.   *Helga*

3 Es hat Vorteile, zwei Mütter zu haben.   *die Beziehung von*

4 Ich habe beschlossen, bei meinem Vater zu bleiben.   _____

5 Es war besser, dass wir uns getrennt haben.   _____

6 Wir denken daran, gemeinsam Urlaub zu machen.   _____

4 **Thomas erzählt.**

S. 12 B
S. 12 C

Schreiben Sie die Wörter in die Lücken.

einen | ihr | ihres | kein | ~~Mein~~ | Mein |
mein | Meine | meinem | meinen | meiner |
meiner | meines | seinen | von | von

_Mein___ Onkel Harold wohnt in den USA. Das heißt, er ist _____ richtiger Onkel. Früher war

er der Mann _____ Mutter. Und Tante Silke ist die erste Frau _____ Vaters. _____ Bruder

Hanno ist der Sohn _____ Silke und von _____ Vater. Der Familienname _____ Mutter

war früher Brown. Dann hat sie _____ Vater geheiratet, aber _____ Namen hat sie

nicht übernommen. Und den Namen _____ Harold wollte sie auch nicht mehr tragen. Deshalb ist

_____ Name jetzt wieder Schnitzler, und das ist auch _____ Name. _____ Schwester Susan

trägt den Namen _____ Vaters, also _____ amerikanischen Namen.   Gr. S. 11, 1

5 **Unser Zusammenleben: Theorie …**

S. 12 D
S. 13 E

a) Familie Schnitzler-Kolasch ist eine „Patchwork-Familie". Erklären Sie das.

b) Gelten die sechs Regeln nur für Patchwork-Familien?

c) Gibt es andere Regeln, die Sie wichtig finden?

d) „Streit gibt es in jeder Familie." Stimmt das? Wie kann man Streit vermeiden? Welche Erfahrungen haben Sie? Was meinen Sie?

Gr. S. 11, 2
Gr. S. 11, 3

Unsere sechs goldenen Regeln

Nummer 1 Wir sind <u>eine</u> Familie.

Nummer 2 Wir müssen immer daran denken, miteinander auszukommen.

Nummer 3 Wir akzeptieren und respektieren einander.

Nummer 4 Streit gibt es in jeder Familie. Wir wollen die Gründe offen besprechen.

Nummer 5 Am besten: Streit vermeiden.

Nummer 6 Wir sind immer füreinander da.

Helga Heinrich Hanno Susan Thomas

6 **… und Praxis: Was tun wir?**

S. 13 F

Aufräum- und Putzplan machen | Susan bei den Hausaufgaben helfen | die Ferien gemeinsam verbringen | bei der Hausarbeit helfen | den Einkauf übernehmen | nicht zu viel voneinander verlangen | über das Zusammenleben sprechen | …

Wir möchten Streit vermeiden. Also sprechen wir regelmäßig über unser Zusammenleben.

Wir versuchen, füreinander da zu sein. Hanno hilft Susan zum Beispiel bei den Hausaufgaben.

Wir bemühen uns, … zu … Deshalb müssen alle bei der Hausarbeit helfen.

7 **Ihre Familie – Ihre Meinung**

S. 13 G
S. 13 H

Zeichnen Sie ein Diagramm und berichten Sie von Ihrer eigenen Familie:

- Familienmitglieder
- Zusammenleben
- Was ist einfach?
- Was ist schwierig?
- Was klappt gut / nicht so gut?

Großeltern: _____

_____ : _____

Vater: _____

Mutter: _____

Was halten Sie von Patchwork-Familien? Welche Vorteile, Nachteile, Chancen und Risiken haben sie im Vergleich zu „normalen" Familien?

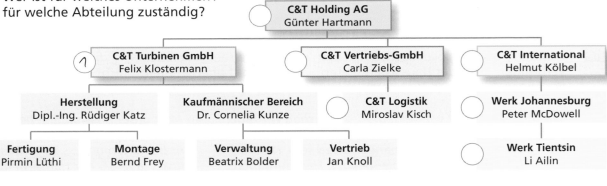

Herr Frey ist für die Montage der Turbinen GmbH zuständig.
Helmut Kölbel ist Leiter von C&T International.
C&T Logistik ist eine Tochter der C&T Vertriebs-GmbH.
Die Leiterin der Vertriebs-GmbH ist …

8   Die C&T-Familie – Mütter und Töchter

S. 14 I

Sprechen Sie über das Organigramm.
• Nennen Sie Muttergesellschaften und Tochterunternehmen im C&T-Konzern.
• Wer ist für welches Unternehmen / für welche Abteilung zuständig?

C&T Holding AG
Günter Hartmann

C&T Turbinen GmbH
Felix Klostermann

C&T Vertriebs-GmbH
Carla Zielke

C&T International
Helmut Kölbel

Herstellung
Dipl.-Ing. Rüdiger Katz

Kaufmännischer Bereich
Dr. Cornelia Kunze

C&T Logistik
Miroslav Kisch

Werk Johannesburg
Peter McDowell

Fertigung
Pirmin Lüthi

Montage
Bernd Frey

Verwaltung
Beatrix Bolder

Vertrieb
Jan Knoll

Werk Tientsin
Li Ailin

9   Frau Wunderlich informiert die neuen Mitarbeiter über den Konzern.

1, 4

a) Hören Sie, in welcher Reihenfolge Frau Wunderlich über die Teile des Konzerns spricht. Nummerieren Sie die Teile im Organigramm oben.

b) Kommt das in Frau Wunderlichs Präsentation vor? Tragen Sie *Ja* oder *Nein* ein.

1   Frau Wunderlich begrüßt neue Mitarbeiter der C&T Turbinen GmbH.   _____

2   Die Turbinen GmbH ist das älteste Werk der Unternehmensgruppe.   _____

3   Die Vertriebs-GmbH ist für die Turbinenherstellung zuständig.   _____

4   C&T International ist ein Tochterunternehmen des Werks Tientsin.   _____

5   Felix Klostermann leitet die Unternehmensgruppe.   _____

10 Unternehmensstruktur

S. 14 J
S. 14 K

Schreiben Sie die Wörter in die Lücken.

Geschäftsführer | ~~gründete~~ | Gruppe | Muttergesellschaft | Niederlassungen | Töchter | übernahm

Vor 30 Jahren _gründete_ Günter Hartmann die C&T Turbinen GmbH. Zehn Jahre später gründeten wir eine eigene Vertriebs-GmbH. Die _____ den Verkauf und Versand der C&T-Produkte. Sie ist die _____ der C&T Logistik. _____ der C&T Logistik ist Herr Kisch. Die _____ in Südafrika und China sind 100-prozentige _____ von C&T International. Die C&T Holding hält 100 Prozent der Anteile von allen Unternehmen der _____.

11 Unsere Unternehmensphilosophie ...

S. 15 L

- Wir arbeiten mit Menschen für Menschen.
- Wir wollen täglich besser werden.
- Produktqualität und Arbeitssicherheit schreiben wir groß.
- Unsere Produkte sprechen für sich.
  Wir sprechen für sie. Sie sprechen für uns.
- Wir übernehmen Verantwortung für Gesellschaft und Umwelt.

... und unsere Prüfsteine:

jährlich zwei Tage Fortbildung für jeden Mitarbeiter | jährlich minus 5 % Abgas-Emissionen | Teilzeitarbeitsplätze: 50 % | 2 Jahre Garantie auf alle Leistungen | Betriebskindergarten | 1,6 Verbesserungsvorschläge pro Mitarbeiter/pro Jahr | Reklamationsrate: < 2 %

Sprechen Sie über Theorie und Praxis der C&T-Gruppe wie in den Beispielen.

Unser Ziel ist es, dass ... Wir beabsichtigen deshalb, ...

Es gehört zu unserer Philosophie, die Qualität immer weiter zu verbessern. Deshalb garantieren wir, jeden Mitarbeiter zwei Tage jährlich fortzubilden.

Wir haben das Ziel, ... zu ... Wir wollen deshalb ...

Gr. S. 11, 2

12 Wer ist zuständig?

S. 15 M
S. 15 N

Partnerarbeit: um Auskunft bitten – Auskunft geben

- ● *Herr Fuchs ist Mitarbeiter der Qualitätssicherung, nicht wahr?*
- ▲ *Ja, er ist der Leiter der Qualitätssicherung.*
- ● *Ist er da auch für Reklamationen zuständig?*
- ▲ *Ja, aber da sprechen Sie besser mit Frau Engler. Sie ist Leiterin des Kundendienstes. Zu ihren Aufgaben gehört es, Reklamationen zu bearbeiten und Kundenanfragen zu beantworten. Ihre Durchwahl ist 501.*

- ● *Ich würde gern mit dem Leiter des Einkaufs sprechen.*
- ▲ *Die Leiterin des Einkaufs ist ...*

Gr. S. 11, 1

Betriebsleitung: Kläden, Theo	420
Konstruktion: Schmied, Klaus	421
Versuchslabor: Zirn, Isabel	422
Fertigung: Metzl, Rüdiger	431
• Teilefertigung: Straub, Ida	432
• Montage: Grohl, Anja	433
• Qualitätssicherung: Fuchs, Felix	434
Kundendienst: Engler, Maria	501
Verwaltung	
Personal: Berger, Christel	510
Einkauf: Täufer, Susanne	520
Buchhaltung: Löblich, Hans	530
Marketing/Vertrieb: Deppe, Tina	531
Lager/Versand: Kalkowski, Lars	532
Betriebsrat: Traube, Rita	611

13 Ihr Unternehmen

Gruppenarbeit: Bauen Sie sich ein Unternehmen oder eine Unternehmensgruppe.

- Entscheiden Sie sich für eine Branche und ein Produkt.
- Zeichnen Sie ein Organigramm. (Übung 8)
- Wie lautet die Unternehmensphilosophie? (Übung 11)
- Wer ist wofür zuständig? (Übung 12)

Präsentieren Sie Ihr Unternehmen.

S. 15 O

14 Lebensformen

Nach Angaben des Deutschen Jugendinstituts München gibt es in Deutschland 1 bis 1,5 Millionen Kinder (ca. 20 – 30 %) in Patchwork-Familien. Das heißt: Mutter, Vater und Kinder stammen aus verschiedenen Familien und bilden eine neue Lebensgemeinschaft. Experten schätzen, dass schon jede siebte Familie in Deutschland eine „zusammengewürfelte" Familie ist. Weil die Zahl der Scheidungen weiter steigt, nimmt wahrscheinlich auch die Zahl

der Patchwork-Familien zu. Psychologen sagen, dass Kinder in solchen Familien besonders gut soziale Kompetenz und Kompromissbereitschaft lernen. Aber es kommt natürlich auch zu Konflikten. Plötzlich müssen Einzelkinder mit anderen Kindern zusammenleben. Sie müssen das Zusammenleben mit dem neuen Partner ihrer Mutter oder ihres Vaters akzeptieren. Eltern oder Kinder leiden vielleicht noch unter dem Schmerz der vorangegangenen Trennung. Nicht immer endet das Abenteuer glücklich.

(Quelle: Deutsches Jugendinstitut)

> ### Das große ABC
> *Wer B sagt, hat, so hoffe ich,*
> *Das große A schon hinter sich,*
> *Und C bis Z wird es noch geben.*
> *Eintönig wäre sonst das Leben.*

Lebensformen: Von rund 82 Millionen Menschen in Deutschland leben

- 16,5 Mio. als Alleinstehende
- 19,6 Mio. als Ehepaare ohne Kinder
- 33,1 Mio. als Ehepaare mit Kindern
- 3,4 Mio. in Wohngemeinschaften ohne Kinder
- 3,6 Mio. in Lebensgemeinschaften mit Kindern
- 6,3 Mio. als Alleinerziehende mit Kindern

Welche Lebensform gibt es in Ihrer Heimat oft, nicht so oft, selten?

Haben die verschiedenen Lebensformen eher etwas zu tun
- mit privaten Vorlieben?
- mit dem Arbeitsleben?
- mit gesellschaftlichen Entwicklungen?

Ein familienfreundliches Unternehmen

- Lesen Sie zunächst nur die markierten Wörter.
- Fassen Sie dann den Text zusammen.
- Entscheiden Sie dann: Wollen Sie den Text noch mit Ihrer Zusammenfassung vergleichen oder nicht?

Unsere **Mitarbeiter** nehmen durchschnittlich einen Tag pro Woche an **Fortbildungen** teil. Sie können **zusätzlich zu ihrem Jahresurlaub Auszeiten** nehmen, in **Teilzeit** arbeiten oder an Telearbeitsplätzen **zu Hause arbeiten.** Wir ermöglichen es unseren Mitarbeitern, ihre **Arbeitszeit flexibel** zu verlängern oder zu verkürzen, ganz wie es ihre familiären Pflichten verlangen. Unsere Mitarbeiter arbeiten im Team. Mit ihrem **Team** können sie ihre **Anwesenheit flexibel vereinbaren.** Als unsere Mitarbeiter sich mehr **Sportangebote** gewünscht haben, haben wir für sie eine **Sporthalle** gemietet und bieten **Sportkurse** an. Auf dem Werkgelände befindet sich sogar eine **Sauna.** In unserem **Firmenkindergarten** spielen 35 Kinder im Alter von 6 Monaten bis zu sechs Jahren. Er ist ganztags und ganzjährig geöffnet. Ein muttersprachlicher Lehrer gibt dort **Englischunterricht.** Das haben die Mitarbeiter selbst organisiert.

Sind solche Unternehmen hier oder in Ihrer Heimat eher häufig oder eher selten?

Prominente Patchwork-Familie

Carla Sarkozy, geborene Bruni, die Frau des französischen Staatspräsidenten, wünscht sich noch ein Kind aus der Ehe mit ihrem Ehemann Nicolas Sarkozy. Sie hat bereits einen Sohn aus einer früheren Beziehung. Drei Söhne hat Nicolas Sarkozy aus zwei früheren Ehen. Außerdem hat er die Töchter seiner zweiten Frau Cécilia mit großgezogen.

15 Der Weltkonzern

- Schierholz – Schierholz & Co. – Metallica – Schlatt AG – Conaco – wie lange war der Mitarbeiter da?
- Kennen Sie ähnliche Beispiele?

1 Artikelwörter

		der/das/die	Artikelwörter	
Nominativ	Sing.	**der**	(k)ein, mein, euer …	–
		das	dein, sein, unser …	–
		die	Ihre, eure, ihre, unsere …	e
	Plural	**die**	meine, eure, keine …	e
Akkusativ	Sing.	**den**	unseren, (k)einen, Ihren …	en
		das	euer, mein, ihr, sein …	–
		die	seine, deine, meine …	e
	Plural	**die**	eure, ihre, unsere …	e
Dativ	Sing.	**dem**	seinem, deinem, eurem …	em
		dem	eurem, meinem, ihrem …	em
		der	ihrer, Ihrer, (k)einer …	er
	Plural	**den**	meinen, ihren, seinen …	en
Genitiv	Sing.	**des**	ihres, (k)eines, seines …	es
		des	unseres, eures, deines …	es
		der	deiner, unserer, Ihrer …	er
	Plural	**der**	eurer, meiner, ihrer …	er

Pronomen

Pronomen	
meiner, (k)einer, eurer …	er
deins, seins, ihres …	s
Ihre, eure, ihre, unsere …	e
meine, eure, keine …	e
unseren, (k)einen, ihren …	en
eures, meins, ihres, seins …	s
seine, deine, meine …	e
eure, ihre, unsere …	e
seinem, deinem, eurem …	em
eurem, meinem, ihrem …	em
ihrer, Ihrer, (k)einer …	er
meinen, ihren, seinen …	en

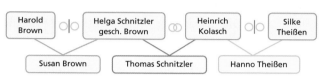

Heinrich:	Susan ist die Tochter mein**er** Frau und ihr**es** früheren Mannes Harold.
Hanno und Susan:	Die erste Ehe unser**er** Eltern ist geschieden.
Heinrichs Freund:	Thomas ist der Sohn mein**es** Freundes Heinrich und sein**er** Frau Helga.
	Der Familienname sein**es** Sohnes Thomas ist Schnitzler.
	Thomas trägt den Namen sein**er** Mutter.

2 Inifinitivsatz mit *zu*

Herr Kolasch hofft, dass sein Zug pünktlich ist.

Herr Kolasch hofft, dass **er** pünktlich ist.

Herr Kolasch hofft, pünktlich **zu** sein.
Er hofft, pünktlich zum Abendessen an**zu**kommen.

3 *einander*

Ich helfe dir.	Du hilfst mir.	→ Wir helfen einander.
Du hilfst ihm.	Er hilft dir.	→ Ihr helft einander.
Er hilft ihr.	Sie hilft ihm.	→ Sie helfen einander.
Wir helfen euch.	Ihr helft uns.	→ Wir helfen einander.

auskommen mit	→ miteinander
da sein für	→ füreinander
etwas verlangen von	→ voneinander
denken an	→ aneinander

Wichtige Wörter und Wendungen

geboren sein	Unsere Tochter ist noch **ledig**, aber unser Sohn ist schon **verheiratet**.
ledig/verheiratet/geschieden sein	Unsere Kinder sind in Hamburg **geboren**. Meine Großmutter
gestorben sein / noch leben	väterlicherseits **lebt noch**. Mein Großvater ist schon **gestorben**.

das Unternehmen	C&T ist eine **Unternehmensgruppe**. Die **Muttergesellschaft** ist
die Herstellung	die C&T Holding AG. Die **Unternehmen** der Gruppe sind
das Werk	100-prozentige **Tochterunternehmen** der C&T Holding. Zu der
die Unternehmensgruppe	Gruppe gehören **Werke** in China und Südafrika. Herr Katz ist
die Muttergesellschaft	der Leiter der **Herstellung** in der Turbinen GmbH. Für den
das Tochterunternehmen	**kaufmännnischen Bereich** ist Frau Kunze zuständig.
der kaufmännische Bereich	

A   Familie und Verwandte: Wer ist das?

Großeltern
Großvater – Großmutter

Großeltern
Großvater – Großmutter

Schwiegersohn/-eltern/-vater

Schwiegertochter/-eltern/-mutter

Schwester
Bruder

Vater – Mutter
Eltern

Bruder
Schwester

Enkel

Enkel

Tante

Onkel

Kinder
Sohn – Tochter

Schwager/Schwägerin

Tragen Sie die passenden Wörter ein.

a) 1 Die Eltern Ihrer Eltern sind Ihre

_____.

2 Der Sohn Ihrer Eltern ist Ihr

_____.

3 Der Bruder Ihres Vaters ist Ihr

_____.

4 Der Mann Ihrer Schwester ist Ihr

_____.

b) 1 Die Tochter meines Sohnes ist meine _Enkelin._____

2 Die Schwester meiner Mutter ist meine _____.

3 Die Mutter meiner Frau ist meine _____.

4 Die Frau meines Sohnes ist meine _____.

B   Familie Schnitzler-Kolasch

a) Susan erzählt. Schreiben Sie die Wörter in die Lücken.

einen | ihres | ihren | ihres | ~~Mein~~ | Meine | meinem | meiner | meiner | seiner | seiner

_Mein___ Vater wohnt in den USA. _____ Mutter hat sich von _____ Vater getrennt und hat

wieder _____ Geburtsnamen angenommen. Jetzt ist sie wieder verheiratet. Der Mann _____

Mutter heißt Heinrich Kolasch. Zusammen mit _____ früheren Frau hat er _____ Sohn. Der

Name _____ Sohnes ist Hanno. Hanno trägt den Familiennamen _____ Mutter. Thomas ist der

Sohn _____ Mutter und _____ Mannes Heinrich.

b) Die Familie Schnitzler-Kolasch. Welche Wörter gehören in die Lücken?

Helga Schnitzler hat sich von _____ Mann Harold getrennt und trägt wieder _____ Geburts-

namen. Heinrich Kolasch hat sich von _____ Frau Silke getrennt. Jetzt ist Helga Schnitzler

_____ Frau. Thomas ist _____ gemeinsamer Sohn. Insgesamt gibt es drei Kinder in der Familie

Schnitzler-Kolasch. Der Familienname _____ Hanno ist Theißen. Er trägt den Namen _____

Mutter. Susan hat den Namen _____ Vaters behalten und heißt Brown.

C   Hören und sprechen

● *Ist das dein Großvater mütterlicherseits?*
▲ *Ja, der Vater meiner Mutter.*

- Vater
- Mutter
- Bruder
- Schwester

D   Das Zusammenleben in der Familie

a) Sie wollen gut miteinander auskommen. Sie bemühen sich, _gut miteinander anszukommen._____

b) Sie wollen gemeinsam Urlaub machen. Sie planen, _____

c) Sie wollen Konflikte offen besprechen. Sie haben die Absicht, _____

d) Sie wollen einander respektieren. Es ist ihnen wichtig, _____

E **Miteinander auskommen, füreinander da sein – das heißt:**

a) Hanno – seine Schwester: *Er muss mit ihr auskommen, sie muss mit ihm auskommen.*

b) Susan – Thomas und Hanno: *Sie muss*

c) du – ich:

d) Wir alle: *Wir müssen miteinander auskommen.*

e) Heinrich – seine Frau: *Er muss für sie da sein, sie*

f) Helga – ihre Firma: *Sie muss* *, die Firma*

g) ich – du:

h) Sie alle:

F **Hanno hilft gern.**

Tragen Sie die fehlenden Satzteile in die Tabelle ein.

1	Verb 1	...	Verb 2
Hanno	hilft	gern.	
Seiner Schwester		er .	
Deshalb		seiner Schwester .	
		gern bei den Hausaufgaben.	
Gern	will		
			geholfen.

G **Aussprache: Zungenbrecher**

Kleine Kinder können keinen kleinen Kirschkern knacken.
Keinen kleinen Kirschkern können kleine Kinder knacken.

langsam und deutlich
→ *schneller werden*
→ flüssig und deutlich

H **Wer spricht über wen?**

Wer spricht? Tragen Sie die Nummer des Textes ein. Über wen? Ordnen Sie zu.

1 A die Schwester von Thomas 1 Silkes Sohn
B Hannos Vater 2 die Familie
C Helgas Tochter 3 Heinrichs Frau
D Heinrichs Schwiegermutter über 4 seine Frau
E Helgas Mann 5 den Bruder von Thomas
F Susans Großmutter 6 die Mutter von Thomas

1 Ich war schon neun Jahre alt, als ich zum ersten Mal in eine deutsche Schule gekommen bin. Inzwischen komme ich ganz gut zurecht. Aber manchmal brauche ich doch noch Hilfe. Hanno hilft mir immer, wenn ich ihn darum bitte. Dafür kann ich ihm manchmal bei den Englisch-Aufgaben helfen.

2 Wir sind beide berufstätig. Da müssen wir die Hausarbeit gut organisieren. Wir verteilen die Aufgaben auf alle Familienmitglieder. Die Einkäufe erledigt meistens Helga. Aber am Wochenende kann ich das übernehmen. Oft koche ich auch. Das mache ich sowieso gern. Aber das möchte ich gern allein und ohne Hilfe machen.

3 Es tut mir natürlich leid, dass sich meine Tochter von ihrem ersten Mann getrennt hat. Sie hat mir oft gesagt, wie schön die Zeit dort war. Aber dann ist sie doch wieder zurück in die Heimat gekommen. Nur gut, dass sie ihre Tochter mitnehmen konnte. Jetzt hat sie wieder geheiratet und noch einen Sohn bekommen. Sie hat eine gute Stelle.

I Die Unternehmensgruppe C&T

a) Sind die Aussagen 1 – 10 richtig? Tragen Sie *Ja* oder *Nein* ein.

C&T Holding AG
Günter Hartmann

C&T Turbinen GmbH
Felix Klostermann

C&T Vertriebs-GmbH
Carla Zielke

C&T International
Helmut Kölbel

Herstellung
Dipl.-Ing. Rüdiger Katz

Kaufmännischer Bereich
Dr. Cornelia Kunze

C&T Logistik
Miroslav Kisch

Werk Johannesburg
Peter McDowell

Fertigung
Pirmin Lüthi

Montage
Bernd Frey

Verwaltung
Beatrix Bolder

Vertrieb
Jan Knoll

Werk Tientsin
Li Ailin

1 Beatrix Bolder ist die Leiterin der Herstellung. _nein_
2 Felix Klostermann ist der Geschäftsführer der C&T Turbinen GmbH. _____
3 Die Fertigung und die Montage gehören zum Kaufmännischen Bereich. _____
4 Li Ailin ist eine Tochter von Günter Hartmann. _____
5 Alle Unternehmen der Gruppe sind Tochterunternehmen der C&T Holding. _____
6 Der Vertrieb ist eine Abteilung des Kaufmännischen Bereichs. _____
7 Herr Katz ist der Vorgesetzte von Frau Dr. Kunze. _____
8 Das Mutterunternehmen der C&T Logistik ist die C&T Vertriebs-GmbH. _____
9 Rüdiger Katz leitet die Herstellung. _____
10 Jan Knoll ist auch für den Einkauf von Zulieferteilen zuständig. _____

b) Schreiben Sie einige Sätze. Beispiel:

Es ist nicht richtig, dass Beatrix Bolder die Leiterin der Herstellung ist.
Richtig ist, dass Frau Bolder die Leiterin der Verwaltung ist. / Bernd Frey der Leiter der Montage ist.
Es ist richtig, dass …

J Wie formulieren Sie das mit dem Verb *halten*?

a) Die Unternehmen der Gruppe sind 100-prozentige Töchter der Holding.

Die Holding _____ _100 Prozent_ _____.

b) Der Zug hat zwischen Bonn und Frankfurt keinen Aufenthalt.

Zwischen Bonn und Frankfurt _____.

c) Das Gerät hat zehn Jahre funktioniert. _Das Gerät hat_ _____

d) Pass auf, dass du nicht runterfällst. _____ _dich gut fest._ _____

e) Die Ehe von Helga und Harold war schon nach vier Jahren zu Ende.

Die Ehe von Helga und Harold hat nur _____.

f) Fahr an der Ampel nicht weiter. _____.

g) Die Contrac AG hat 30 % der Anteile ihres Zulieferers gekauft.

Jetzt _____.

K Ein Verb passt nicht. Streichen Sie es durch.

Kann man …

a) … ein Unternehmen	leiten?	gründen?	übernehmen?	~~beenden?~~
b) … eine Niederlassung	eröffnen?	schließen?	halten?	vergrößern?
c) … eine Familie	gründen?	vergrößern?	schließen?	haben?
d) … einen Betrieb	stellen?	leiten?	erweitern?	gründen?
e) … ein Produkt	entwickeln?	verkaufen?	schließen?	vertreiben?
f) … eine Ehe	schließen?	führen?	gründen?	scheiden?

L Ihre Ziele

Schreiben Sie Sätze wie im Beispiel.
die Zusammenarbeit verbessern

Ich möchte die Zusammenarbeit verbessern.
Ich wünsche mir, dass wir die Zusammenarbeit verbessern.
Mein Ziel ist es, die Zusammenarbeit zu verbessern.

a) ein höheres Gehalt bekommen

Ich möchte _____

Ich hoffe, _____

Ich erwarte, _____

b) mehr Verantwortung für die Umwelt übernehmen

Wir wollen _____

Wir versprechen, _____

Wir beabsichtigen, _____

M Zuständigkeiten im Unternehmen

Schreiben Sie kurze Texte. Beispiel:

> **Isabel Zirn – Versuchslabor**
> Testen von neuen Geräten / Defekte feststellen und melden
>
> *Isabel Zirn ist die Leiterin des Versuchslabors. Sie ist für das Testen von neuen Geräten zuständig. Zu ihren Aufgaben gehört es, Defekte festzustellen und zu melden.*

> **Felix Fuchs – Qualitätssicherung**
> Überprüfung der fertigen Produkte / Fehler und Mängel vermeiden
>
> _____

> **Hans Löblich – Buchhaltung**
> Kontrolle des Geldverkehrs / Rechnungen überprüfen, Gehälter berechnen
>
> _____
> _____
> _____
> _____
> _____

> **Susanne Täufer – Einkauf**
> Kauf von Material und Zulieferteilen / Preise vergleichen, Lieferbedingungen verhandeln
>
> _____

N Hören und sprechen

● *Leitet Frau Täufer den Einkauf?*
▲ *Ja, sie ist die Leiterin des Einkaufs.*

O Die Wortfamilie *leben*

Ergänzen Sie die fehlenden Wörter.

Die Texte auf Seite 10 helfen Ihnen.

leben

das Lebensmittel
das Lebensalter
die Lebensgemeinschaft

die _____Lebens_form

die _____haltung → die _____kosten

der _____lauf

die _____gefahr → _____lich

das _____

das Zusammen_____

Gäste, Besucher: „Herzlich willkommen!"

> *Abends sitze ich gern im Wohnzimmer, entspanne mich und lese etwas.*

> *Die Wäsche waschen wir im Bad. Da steht die Waschmaschine.*

> *Gäste können bei mir nicht übernachten. Meine Wohnung ist nämlich sehr klein.*

> ● *Habt ihr einen Balkon?*
> ▲ *Nein, aber einen kleinen Garten.*

---

1   Meine Wohnung

S. 22 A
S. 22 B

Partnerarbeit: Sprechen Sie über Ihre Wohnung und sagen Sie, was Sie da machen.

sich entspannen | duschen | frühstücken | schlafen | sich anziehen | spielen | Aufgaben erledigen | kochen | Wäsche waschen | fernsehen | zu Mittag essen | lesen | Frühsport machen | …

die Diele | das Wohnzimmer | der Balkon | das Kinderzimmer | die Küche | das Bad | die Abstellkammer | das Esszimmer | das Arbeitszimmer | …

1, 6   2   Besuch bei Helga und Heinrich

a) Hören Sie. Wer kommt zu Besuch? Verwandte, Freunde, …? Welchen Anlass hat der Besuch?

b) Wie viele Zimmer hat die Wohnung? Was machen Helga, Heinrich und die Kinder in den Zimmern?

im Arbeitszimmer
im Wohnzimmer
in der Diele
in der Küche
auf dem Balkon
…

• nie
• selten
• manchmal
• oft/häufig
• immer
• regelmäßig
• normalerweise
• gelegentlich

essen | berufliche Arbeiten erledigen | fernsehen | sich mit den Kindern beschäftigen | die Kleider aufhängen | frühstücken | Hausaufgaben machen | Klavier üben | im Internet surfen | kochen | lesen | am Computer arbeiten | basteln | …

Helga und Heinrich erledigen im Arbeitszimmer häufig berufliche Arbeiten.

3 Wie oft …

S. 22 C

Befragen Sie einige Kursteilnehmer, notieren und berichten Sie.	… benutzen Sie Ihr Mobiltelefon? … laufen Sie am Nordpol Ski? … essen Sie im Restaurant? … verschlafen Sie morgens?	… essen Sie mittags nichts? … sehen Sie abends fern? … gehen Sie ins Theater? …

● *Ines, wie oft benutzt du dein Mobiltelefon?*
▲ *Häufig.*
● *Und wie oft isst du im Restaurant?*
▲ *Gelegentlich.*
● *…*

Ines benutzt ihr Mobiltelefon häufig. Im Restaurant isst sie nur gelegentlich. Sie verschläft morgens nie. Normalerweise sieht sie abends nicht fern. Sie liest lieber.

4 So macht es Familie Schnitzler-Kolasch …

S. 22 D
S. 22 E
S. 23 F

Lesen Sie den Text. Was ist Ihnen schon bekannt, was ist neu? Wie finden Sie das Zusammenleben?

Heinrich und Helga haben einige feste Gewohnheiten eingeführt. Die Hausarbeiten werden unter allen Familienmitgliedern verteilt. Jeder räumt sein eigenes Zimmer auf. Für die anderen Zimmer wird ein Putzplan erstellt. Jeder kommt an die Reihe. Das Bad wird regelmäßig alle zwei Tage geputzt. Wohnzimmer, Küche und Diele werden samstags geputzt und aufgeräumt.

Sonntags wird gemeinsam gefrühstückt. Gelegentlich frühstückt die Familie auf dem Balkon. Danach geht Hanno in sein Zimmer und erledigt Hausaufgaben, wenn er noch welche machen muss. Susan übt in ihrem Zimmer Klavier. Das macht sie regelmäßig, auch sonntags. Heinrich fängt inzwischen mit dem Kochen an. Am Wochenende kocht er häufig. Sonntags wird immer im Wohnzimmer gegessen.

… und bei Meiers wird es so gemacht.

Tragen Sie vor und benutzen Sie die Hilfen.

Bei uns werden die Hausarbeiten auch gemeinsam gemacht.

Aber bei uns wird kein …

Das Bad putzen wir …

Die anderen Zimmer …

Sonntags … auch …

Aber bei uns … sonntags keine Hausaufgaben …, … häufig in die Kirche.

Bei uns wird nicht Klavier … Bei uns spielt keiner ein Instrument.

Sonntags … bei uns nicht …

Sonntags gehen wir regelmäßig …

Gr. S. 21, 1–3

5 Das Zusammenleben organisieren

S. 23 G
S. 23 H
S. 23 I

Jetzt wissen Sie, wie Familie Schnitzler-Kolasch und Familie Meier ihr Zusammenleben organisieren. Wie wird das gemacht …

● in Ihrer Familie?
● in Ihrer Wohngemeinschaft?
● in Ihrem Studentenwohnheim?
● an Ihrem Arbeitsplatz?

● Welche Aufgaben gibt es?
● Wer muss was machen?
● Wann und wie oft wird das gemacht?
● Wo wird das gemacht?

● Wäsche waschen
● bügeln
● Geschirr spülen, abtrocknen und einräumen
● Bad putzen
● die Wohnung aufräumen
● einkaufen
● kochen
● den Tisch decken
● den Tisch abräumen

	Herstellung	
	Fertigung	**Montage**
	Fertigungsplanung	Teilefertigung
	Konstruktion	Qualitätssicherung
	Versuchslabor	

Am Mittwoch haben wir das C&T Turbinenwerk besichtigt. Zuerst waren wir in Halle 4. Dort werden die Einzelteile gefertigt. In der Qualitätssicherung werden die Teile geprüft bevor sie eingebaut werden.

Herzlich willkommen bei C&T. Ich danke Ihnen für Ihr Interesse an unserem Betrieb. C&T ist ein bedeutendes Unternehmen im Bereich Energietechnik. Zuerst besichtigen wir die Teilefertigung. Die Mitarbeiter dort fertigen die Einzelkomponenten. Die Qualitätssicherung prüft die Teile, bevor das Montageteam die Endmontage durchführt. ...

6 Besuch …

S. 24 J

Eine Besuchergruppe kommt. Empfangen Sie die Besucher.
Erklären Sie ihnen, was hier gemacht wird.

7 … im C&T Turbinenwerk

1, 7

S. 24 K
S. 24 L

a) Hören Sie. In welche Abteilungen gehen die Besucher? Wohin gehen sie zuerst, danach, zuletzt?

b) Was wird in den Abteilungen gemacht?

entwickelt | auseinander-
genommen | geprüft |
eingebaut | versendet |
zusammengebaut |
verladen | gefertigt

In der Teilefertigung werden Baugruppen gefertigt.

8 Stichwort-Protokoll und Bericht

S. 24 M
S. 25 N

> bei C&T: Turbinen entwickeln u. herstellen
> i. d. Teilefertigung: Baugruppen u. Einzelteile fertigen
> i. d. Montage: Turbinen zus.bauen
> schwere Baut.: millimetergenau einpassen
> fertige Turb.: im Versuchslabor überpr.
> fehlerhafte T.: wieder auseinandernehmen und rep.
> kl. Fehler: im Prüflabor beheben
> im Versand: Anl. in spez. Kisten verpacken
> versandfertige A.: auf Spezialfahrz. verladen

Ein Besucher hat die Stichwörter links notiert. Benutzen Sie die Notizen für einen Bericht:

Bei C&T werden Turbinen entwickelt und hergestellt. In der Teilefertigung werden ...

Gr. S. 21, 1

9 Besuchsprogramm

S. 25 O
S. 25 P

a) Erklären Sie den Ablauf des Besuchs.

Um 9.00 Uhr	Als Erstes	Zuerst
Um 9.15 Uhr	Als Zweites	Danach
Um 10.00 Uhr	Als Nächstes	Dann
Um 10.30 Uhr	Dann	...
Um 11.00 Uhr	...	
Um 11.45 Uhr	Als Letztes	Zum Schluss

Besuch im C&T Turbinenwerk, 18.11., 9.00 Uhr

9.00 Uhr	Begrüßung im Empfangszentrum
9.15 Uhr	Vorführung des Firmen-Videos
10.00 Uhr	Führung durch die Teilefertigung
10.30 Uhr	Besichtigung der Montage
11.00 Uhr	Demonstration der Funktionsweise der X3
11.45 Uhr	Imbiss, Verabschiedung

b) Spielen Sie das Gespräch.

● *Wann sollen wir bei Ihnen im Werk sein?*
▲ *Um 9.00 Uhr. Um neun werden Sie im Empfangszentrum abgeholt und begrüßt.*
● *Und wie geht es dann weiter?*
▲ *Danach wird der Gruppe unser Firmen-Video ... Das dauert ungefähr 45 Minuten.*
● *Und danach? Gehen wir dann in den Betrieb?*
▲ *Ja, als Nächstes ...*

10 Betriebsbesichtigung

S. 25 Q
S. 25 R

Sie wollen sich über den Besuch informieren? Lesen Sie die markierten Wörter.

Als Erstes waren wir in der Teilefertigung. Hier werden Steuerungselemente gefertigt. Einige Komponenten werden von Zulieferern geliefert, andere werden bei C&T hergestellt. In Halle 2 ist die Turbinenmontage untergebracht. Da werden die Steuerungselemente, Baugruppen und Einzelteile zusammengebaut. Die Steuerungselemente werden in die Bedienereinheit eingebaut. Für die Montage der schweren Teile werden Spezialmaschinen benötigt. Die fertigen Turbinen werden im Versuchslabor getestet. Danach kommen sie in den Versand. Dort werden sie für die Auslieferung fertig gemacht. Sie werden auf besonders große und niedrige Spezialfahrzeuge verladen. Besonders große Anlagen werden auseinandergenommen. Die Einzelteile werden in Kisten verpackt und verladen.

Fassen Sie den Bericht zusammen und tragen Sie ihn vor.

Sie wollen über eine Betriebsbesichtigung berichten? Benutzen Sie die markierten Wörter.

Als Erstes waren wir in der Teilefertigung. Hier werden Steuerungselemente gefertigt. Einige Komponenten werden von Zulieferern geliefert, andere werden bei C&T hergestellt. In Halle 2 ist die Turbinenmontage untergebracht. Da werden die Steuerungselemente, Baugruppen und Einzelteile zusammengebaut. Die Steuerungselemente werden in die Bedienereinheit eingebaut. Für die Montage der schweren Teile werden Spezialmaschinen benötigt. Die fertigen Turbinen werden im Versuchslabor getestet. Danach kommen sie in den Versand. Dort werden sie für die Auslieferung fertig gemacht. Sie werden auf besonders große und niedrige Spezialfahrzeuge verladen. Besonders große Anlagen werden auseinandergenommen. Die Einzelteile werden in Kisten verpackt und verladen.

Berichten Sie über Ihren Arbeits- oder Studienalltag. Die Struktur oben hilft Ihnen dabei.

11   Unheimliche Besucher oder: **Das Kuckucksei**

> *Nicht nur im Wald*
>
> *Ein Vogel baut sein Nest im Baum –*
> *Ganz hoch. Man sieht es kaum.*
> *Der Kuckuck findet's wunderschön*
> *Und fragt den Vogel: Darf ich's seh'n?*

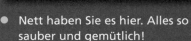

Spalte 1

● Nett haben Sie es hier. Alles so sauber und gemütlich!

▲ Ja ja, aber das macht auch viel Arbeit. Den Garten pflegen, das Haus putzen, die Zimmer aufräumen. Da bleibt nicht viel Zeit für anderes. Na ja, man tut es für die Kinder.

● Da haben Sie ja so recht! Was tut man nicht alles, damit die Kinder es mal besser haben. Wie viele haben Sie denn?

▲ Drei. Drei Jungen.

● Und alle noch bei Ihnen?

▲ Nein, nur noch einer. Die anderen sind schon groß.

● Ist das Haus dann nicht etwas zu groß für Sie, mit äh … wie viele Zimmer hat es?

▲ Fünf, und zwei Bäder, Terrasse und Garten. Warum fragen Sie danach?

● Nur so, aus Interesse. Aber hier an der Straße mit dem vielen Verkehr, dem Lärm, der schlechten Luft – da bekommen Sie dafür kaum noch 50 000 Euro.

▲ Was reden Sie denn da!!

● Wissen Sie was? Soll ich Ihnen mal einen guten Vorschlag machen?

▲ Nein! Und …

Spalte 2

● Nett haben Sie es hier. So warm und gemütlich!

▲ Ja ja, aber anstrengend ist es, jetzt in der Brutzeit. Den ganzen Tag hockt man im Nest. Keinen Fuß kann man vor die Tür setzen. Aber was tut man nicht alles für den Nachwuchs!

● Da haben Sie ja so recht! Was tut man nicht alles für die lieben Kleinen. Wie viele werden es denn in diesem Jahr?

▲ Na, so vier oder fünf.

● Nur vier oder fünf? In so einem geräumigen Nest? Ist da nicht Platz für eins mehr?

▲ Nein! Ganz unmöglich!

● Na, hören Sie mal, für ein kleines Ei ist doch immer noch Platz. Könnte man nicht ein bisschen zusammenrücken?

▲ Wie kommen Sie auf diese Idee?

● Wissen Sie, im Moment habe ich kein eigenes Nest. Ich kümmere mich gerade darum. Ich hätte einen Vorschlag. Ich bringe ein einziges Ei bei Ihnen unter. Das merken Sie ja gar nicht. Und wenn es dann so weit ist, kümmere ich mich um die Fütterung. Ist das nicht eine gute Idee?

▲ Nein! Und …

Spalte 3

● Tolles Unternehmen, alle Achtung. Modern und dynamisch!

▲ Ja ja, aber wir müssen uns gerade sehr anstrengen. Die Konkurrenz ist groß. Aber was tut man nicht alles fürs Unternehmen und für die Mitarbeiter!

● Da haben Sie ja so recht. Was tut man nicht alles, damit man die Nase vorn hat. Wie steht es denn in diesem Geschäftsjahr?

▲ Na ja, nicht schlecht. Der Umsatz ist sogar um ein paar Prozent gestiegen.

● Ein paar Prozent? Das kann man aber noch verbessern!

▲ Das glaube ich nicht. Uns geht es ja eigentlich ganz gut. Das ist ein altes Familienunternehmen, fast 100 Jahre alt.

● Ach, dann sind Sie hier der Chef?

▲ Ja, warum fragen Sie?

● Also, hören Sie mal zu. Ich hätte eine Idee. Ganz ehrlich, so kann die Firma ja kaum Gewinn machen. Das sieht man doch. Sie brauchen ein modernes Management! Internationales Kapital! Globale Partner! Ich mache Ihnen mal ein Angebot, okay?

▲ Nein! Und …

… jetzt reicht's! Ich weiß ganz genau, was Sie wollen!!

● Ich komme wieder …

 12   Herr Klose geht auf Nummer sicher.

- Welche Informationswege hat Herr Klose benutzt?
- Welche Abweichungen gab es in den Nachrichten?
- Wie vereinbaren *Sie* Termine?

1 Das Verb *werden*

ich	werde
du	wirst
er/sie	wird
wir	werden
ihr	werdet
sie/Sie	werden

2 Das Partizip

kochen	**ge**koch**t**	ge_t
arbeiten	**ge**arbeit**et**	ge_et
waschen	**ge**wasch**en**	ge_en
einbauen	ein**ge**bau**t**	_ge_t
anfangen	an**ge**fang**en**	_ge_en
bearbeiten	**be**arbeit**et**	be/ver/..._t/en
produzieren	produz**iert**	_iert
essen	**ge**g**essen**	

3 Das Passiv

Am Sonntag gehen wir essen.	
Heute essen wir auf dem Balkon.	
Wo wascht ihr eure Wäsche?	
Ein Gästezimmer haben wir nicht.	

Wir haben Schichtarbeit.	
Muss man die Einzelteile noch bearbeiten?	
In der Montage bauen wir die Teile ein.	
Den Versand organisiert die C&T Logistik.	

1	werden	...	Partizip
Da	wird	nicht zu Hause	gekocht.
Normalerweise	wird	im Wohnzimmer	gegessen.
Die Wäsche	wird	im Bad	gewaschen.
Gäste	werden	im Arbeitszimmer	untergebracht.
Bei uns	wird	rund um die Uhr	gearbeitet.
Die Einzelteile	werden	vor dem Einbau	bearbeitet.
In der Montage	werden	die Teile	eingebaut.
In Werk 1	wird	nur	produziert.

Wichtige Wörter und Wendungen

nie	0 %	Im Urlaub verreisen? Nein, **nie**. Ich bleibe immer zu Hause.
selten		Pünktlich Feierabend machen? Das ist **selten**; ich habe zu viel Arbeit.
gelegentlich		Sonntags arbeiten? Das kommt **gelegentlich** vor.
oft/häufig		Überstunden machen? Ja, **oft**. **Häufig** sogar zwei oder drei Stunden.
immer	100 %	Mit dem Auto zur Arbeit? Nein, ich nehme nie das Auto, ich fahre **immer** mit dem Zug.
regelmäßig		Ins Fitness-Studio gehen? Ja, **regelmäßig** samstags, **normalerweise** zwei Stunden,
normalerweise		**gelegentlich** auch mal drei, aber das ist selten.

Ablauf, Reihenfolge

Als Erstes	Zuerst
Als Zweites	Danach
Als Nächstes	Dann
Als Letztes	Zum Schluss

Wann? einmalig — regelmäßig, normalerweise

Wann? einmalig	regelmäßig, normalerweise
am Montag	montags
am Vormittag	vormittags
am Abend	abends
am ...	...s

Der Betrieb

die Geschäftsführung

die Produktion — der kaufmännische Bereich — der Betriebsrat

die Herstellung	die Fertigung/Montage	die Verwaltung	der Vertrieb
die Fertigungsplanung	die Teilefertigung	das Personal	das Auftragsbüro
das Versuchslabor	die Qualitätssicherung	das Rechnungswesen	der Verkauf
die Konstruktion	der Kundendienst	der Einkauf	das Marketing
			das Lager / der Versand

Die Wohnung

die Toilette
die Abstellkammer
die Diele
das Bad
das Schlafzimmer

die Küche
der Balkon
das Wohnzimmer

das	Wohn	zimmer
	Kinder	
	Arbeits	
	Ess	
	Gäste	
	Schlaf	

A In der Diele schlafen?

Welches Verb passt nicht? Streichen Sie es durch.

1 im Arbeitszimmer	~~sich entspannen~~	Briefe schreiben	Rechnungen prüfen
2 im Wohnzimmer	spielen	kochen	fernsehen
3 im Bad	duschen	Zähne putzen	aufstehen
4 im Schlafzimmer	aufwachen	sich ausruhen	Wäsche waschen
5 auf dem Balkon	duschen	in der Sonne sitzen	frühstücken
6 im Kinderzimmer	lernen	Gartenarbeit machen	spielen
7 in der Diele	schlafen	Mäntel aufhängen	Gäste empfangen

B An der Wohnungstür

Welche Begrüßungen sind formell (1), welche sind informell (2), welche passen immer (3)?

3 Guten Tag.   ◯ Herzlich willkommen.   ◯ Hereinspaziert.   ◯ Kommen Sie doch herein.

◯ Wir haben schon gewartet.   ◯ Wir haben Sie schon erwartet.   ◯ Da seid ihr ja.

◯ Wir freuen uns sehr über Ihr Kommen.   ◯ Kommt rein.   ◯ Grüß dich!

◯ Schön, dass ihr da seid.   ◯ Schön, dass Sie da sind.   ◯ Guten Morgen.

C Welche Wörter passen?

nie | selten | manchmal/gelegentlich | oft/häufig | immer | regelmäßig | normalerweise

a)

Dr. Peter Wirth
Zahnarzt

Sprechst.: 8.30–12.00 u. 14.30–16.30
mittwochs u. samstags geschlossen

Dr. Wirth hat montags _____ von 8.30 Uhr bis 12.00 Sprechstunde. Obwohl er mittwochs _____ Sprechstunde hat, rufen doch _____ Leute an und bitten um einen Termin am Mittwoch. Sie wissen doch, dass mittwochs und samstags die Praxis _____ geschlossen ist. _____ behandelt er aber doch Patienten am Mittwoch, wenn es dringend ist. Das darf aber nicht zu _____ passieren. Und doch passiert es _____ wieder, aber nicht sehr _____. Es ist wirklich eher _____.

b) Ordnen Sie zu.

1 In die Schule muss man	A gelegentlich.
2 Wir bleiben im Urlaub immer zu Hause, wir verreisen	B häufig.
3 Wir machen schon mal eine Reise, aber	C nie.
4 Einen 500-Euro-Schein sieht man nicht oft, aber doch	D normalerweise.
5 Bei uns isst man mittags warm, jedenfalls	E regelmäßig.
6 40 Grad Hitze? Ja, das gibt es hier, aber nicht	F selten.

D Kaffee machen in fünf Schritten

1 Wasser in den Wasserkocher füllen
2 Kaffee mahlen
3 den Kaffee in die Kanne geben
4 das Wasser zum Kochen bringen
5 das heiße Wasser über den Kaffee gießen

Schreiben Sie wie im Beispiel.

Zuerst wird Wasser in den Wasserkocher gefüllt. Dann wird ...

 E Hören und sprechen   ● *Hast du das schon gemacht?*
   ▲ *Nein, das wird erst noch gemacht.*

F **Wie organisiert die Familie das?**

a) Im Text Seite 17, Übung 4 steht: „Die Hausarbeiten werden unter allen Familienmitgliedern verteilt."
Das bedeutet: A Jeder macht, was er will.
B Jeder übernimmt einen Teil der Arbeiten.
C Sie machen alles gemeinsam.

b) „Jeder kommt an die Reihe."
Das bedeutet: A Zuerst macht es der Erste, dann der Zweite, dann der Dritte usw.
B Die Familienmitglieder können das verschieben.
C Die Arbeiten werden regelmäßig durchgeführt.

c) „Das Bad wird regelmäßig alle zwei Tage geputzt."
Das bedeutet: A Das Bad wird in zwei Tagen geputzt.
B Alle müssen das Bad zwei Tage lang putzen.
C Wenn man heute putzt, dann wird übermorgen das nächste Mal geputzt.

G **Das Partizip**

Wie heißt das Partizip?

1 waschen   wird/hat _gewaschen_   5 essen   wird/hat _____

2 frühstücken wird/hat _____   6 aufhängen   wird/hat _____

3 helfen   wird/hat _____   7 benutzen   wird/hat _____

4 stellen   wird/hat _____   8 vermeiden   wird/hat _____

H **Hören und sprechen**

Wie wird telefoniert?

● *Was wird zuerst gemacht?*
▲ *Zuerst wird die Rufnummer im Telefonbuch gesucht.*
● *Was wird dann gemacht?*
▲ *Dann …*
…

1. die Rufnummer im Telefonbuch suchen
2. die Rufnummer notieren
3. den Hörer abnehmen
4. die Rufnummer wählen
5. das Gespräch führen
6. das Gespräch freundlich beenden
7. den Hörer auflegen

I **Wie soll das Zusammenleben sein?**

a) Welche Form des Zusammenlebens finden Sie in Ordnung?

A Bei uns im Studentenwohnheim wird normalerweise nicht gekocht. Die meisten essen Fast Food aus dem Supermarkt. Der Tisch wird nicht hübsch für ein gemeinsames Essen gedeckt. Nach dem Essen wird das Geschirr nur selten gespült. Es wird einfach ins Spülbecken gestellt. Die Küche wird auch nicht geputzt. Aber morgen wollen wir gemeinsam kochen und essen. Zuerst müssen wir aber die Küche putzen und das Geschirr spülen.

B Bei uns in der Abteilung können wir mittags nicht kochen. Deshalb haben wir eine gemeinsame Kasse. In die Kasse zahlt jeder täglich 2,50 Euro ein. Dann werden Brötchen, Butter, Käse, Obst usw. eingekauft. Jeder kommt einmal in der Woche an die Reihe. Dann wird Kaffee oder Tee gekocht. Der Tisch wird gedeckt und wir machen zusammen Mittagspause. Dann wird das Geschirr gespült und die Teeküche wird aufgeräumt. Die Reste werden in den Kühlschrank getan.

b) Wie ist es bei Ihnen zu Hause, am Arbeitsplatz … geregelt? Schreiben Sie einen kurzen Text. Benutzen Sie die folgenden Satzteile.

Bei uns wird normalerweise … | Wir machen/essen/kaufen/… | Der Tisch wird … |
Das Geschirr wird … | Die Küche wird … | gedeckt | geputzt | gespült | aufgeräumt

J   Herzlich willkommen

a) Herzlich willkommen bei der _Dröge KG_____ Ich danke Ihnen für Ihr Interesse an unserem _____. Wir sind ein führender _____ in der Branche _____. Zuerst _____ wir Ihnen die Montage. Da werden die Einzelteile vollautomatisch _____.

Fahrzeug-Elektronik | zusammengebaut | ~~Dröge KG~~ | Hersteller | Unternehmen | zeigen

b) Ich möchte Sie herzlich in unserer _____ begrüßen. Wir freuen uns sehr über Ihr _____ an der _____. SyncronTec ist Marktführer in der _____ Steuerungstechnik. Wir gehen zuerst in unser _____. Dort erfahren Sie Einzelheiten über die Entwicklung und die _____ unseres _____.

Produkte | Besucherzentrum | Branche | Unternehmens | Interesse | Niederlassung Lindau | SyncronTec AG

K   Abteilungen und Ihre Aufgaben

Was wird wo gemacht?
Ordnen Sie zu.

im Kundendienst

A im Einkauf
B im Lager
C im Versand
D im Versuchslabor
E in der Konstruktion
F in der Montage
G in der Qualitätssicherung
H in der Teilefertigung
I im Kundendienst
J im Vertrieb

1 Anlagen und Geräte warten
2 Anlagen verpacken und versenden
3 Einzelteile herstellen
4 fertige Anlagen testen
5 Geräte zusammenbauen
6 Angebote schreiben
7 Material lagern und bereitstellen
8 mit Zulieferern verhandeln
9 neue Produkte entwickeln
10 Probeläufe durchführen

L   Wo wird was gemacht?

Schreiben Sie fünf Sätze.
Benutzen Sie Ihre Lösungen
aus Übung K.

im Einkauf

Im Einkauf wird mit Zulieferern verhandelt.
_Im _____
_____
_____
_____
_____
_____

M   Wie wird das gemacht?

Schreiben Sie Kurznotizen wie im Beispiel.

● _Die Ware liefern wir mit dem Lkw._   ▲ Ich notiere: _Ware wird mit Lkw geliefert._

● _Das Angebot schicken wir per Fax._   ▲ Ich notiere: _____

● _Den Softwarefehler beheben wir online._   ▲ Ich notiere: _____

● _Anfragen beantworten wir telefonisch._   ▲ Ich notiere: _____

● _Ihre Anlage warten wir morgen._   ▲ Ich notiere: _____

N Hören und sprechen
- ● Die Geräte bauen Sie in der Montage zusammen?
- ▲ Ja, die werden in der Montage zusammengebaut.

O Plan und Wirklichkeit

Schreiben Sie in die Tabellen.
Das war der Plan, …

1	Verb 1	…	Verb 2
Um 9.00	werden	wir	begrüßt.
Um 9.15	wird		
			verabschiedet.

… aber Herr Klott, der Leiter des Besucherdienstes, hat sich verspätet.

1	Verb 1	…	Verb 2
Er	hat	uns um 9.15 Uhr	begrüßt.
Um 9.30			
Wir			

> **Besuch im C&T Turbinenwerk, 18.11., 9.00 Uhr**
>
> 9.00 Uhr
> Begrüßung im Empfangszentrum
>
> 9.15 Uhr
> Vorführung des Firmen-Videos
>
> 10.00 Uhr
> Führung durch die Teilefertigung
>
> 10.30 Uhr
> Besichtigung der Montage
>
> 11.45 Uhr
> Verabschiedung

P Aussprache: Erstens, zweitens, drittens

Erstens kommt es anders,
Und zweitens als man denkt,
Und drittens ist's im Leben
Nicht immer wie man will.

langsam und deutlich
→ *schneller werden*
→ flüssig und deutlich

Q Eine Besichtigung. Schreiben Sie die Wörter in die Lücken.

Als Erstes _____ wir im _Labor_ . Hier werden neue _____

entwickelt. In _____ ist die _____ untergebracht. Da werden

_____ hergestellt und automatisch _____. Danach kommen

sie in den _____. Dort werden sie für den _____ fertig gemacht.

Halle A |
Herstellung |
~~Labor~~ |
Medikamente |
Tabletten |
Transport |
verpackt |
Versand |
waren

R Kreuzworträtsel

→ Hier werden Bauteile hergestellt.
In dieser Abteilung werden Zulieferteile und Material bestellt.
Hier werden neue Geräte und Maschinen entwickelt.
Die …abteilung kümmert sich um die Mitarbeiter.
↓ Hier wird getestet, ob die fertigen Produkte
störungsfrei funktionieren.
Dort liegen Teile und Material für die Fertigung.
Das gehört zum Vertrieb.
Hier werden die Produkte verpackt und
verschickt.
Hier werden die Einzelteile zusammengebaut.
Manchmal brauchen die … Hilfe und Beratung.
Diese Abteilung ist für den Verkauf der Produkte
zuständig.

Billig oder preiswert?

- *Wir suchen einen preiswerten Kühlschrank.*
- *Wir brauchen einen kleinen Fernsehapparat.*
- *Wir interessieren uns für eine Waschmaschine mit möglichst niedrigem Energieverbrauch.*

▲ *200 Euro? Na gut, den nehmen wir.*
▲ *Das ist gerade richtig. Das nehmen wir.*
▲ *Nur … Watt? Die nehmen wir.*

▲ *Der ist uns zu teuer. Haben Sie keinen billigeren?*
▲ *Der ist uns zu groß. Haben Sie keinen kleineren?*
▲ *Die ist aber nicht sparsam. Haben Sie keine sparsamere?*

wirtschaftlich	langlebig
bedienerfreundlich	leistungsstark
billig	…
preiswert	

Geschirrspülmaschine	mit großer Speicherkapazität
Gefriertruhe	mit niedrigem Wasser | verbrauch
Fernsehapparat	Benzin
Waschmaschine	Energie
Staubsauger	in guter Qualität
…	…

---

1 **Haushaltsgeräte kaufen**

S. 32 A
S. 32 B

Was brauchen Sie?
Worauf legen Sie dabei Wert?

---

2 **Die Teuerste ist nicht immer die Beste.**

1, 9
S. 32 C

a) Hören Sie. Für welche Waschmaschine interessieren sich die Kunden? Für die Lavo, die Purga oder die S-Mat?

	Lavo 	**Purga** 	**S-Mat** 
• Preis:	€ 649,-	€ 489,-	€ 998,-
• Maße:	85 cm hoch, 60 cm breit, 45 cm tief	85 cm hoch, 60 cm breit, 60 cm tief	85 cm hoch, 60 cm breit, 55 cm tief
pro Waschgang			
• Stromverbrauch:	1,06 KWh	1,06 KWh	1,36 KWh
• Wasserverbrauch:	45 Liter	42 Liter	60 Liter
• Füllmenge:	6 kg	6 kg	7 kg
• Garantie:	2 Jahre	2 Jahre	4 Jahre

b) Haben Sie das in dem Beratungsgespräch gehört? Tragen Sie *Ja* oder *Nein* ein.

1 Es gibt ein Sonderangebot. _____
2 Die Kunden brauchen eine größere Maschine als bisher. _____
3 Den niedrigsten Stromverbrauch haben die teuersten Maschinen. _____
4 Es gibt eine kleinere, aber teurere Maschine. _____
5 Das billigere Modell zu 489 Euro ist von schlechterer Qualität als die teureren Modelle. _____
6 Die Kunden lassen sich die Kaufentscheidung noch einmal durch den Kopf gehen. _____

3 Eigenschaft, Ausstattung, Leistung

Sagen Sie, wie die Modelle sind, was sie haben und was sie können.

Die Lavo ist nur 45 cm tief.   *Die S-Mat hat einen Stromverbrauch von 1,36 Kilowattstunden.*

Die Lavo	ist	einen Wasserverbrauch von 42 Litern pro Waschgang	45 cm tief	in einem
Die Purga	hat	Waschgang 6 kg Wäsche waschen	vier Jahre Garantie	einen Stromverbrauch
Die S-Mat	kann	von 1,36 Kilowattstunden	einen Preis von nur 489 Euro	60 cm breit	eine

Höhe von 85 Zentimetern | eine Kapazität von 7 kg | sparsam | nicht teuer | mit nur 42 Liter Wasser 6 kg Wäsche waschen

Die Purga kann in einem Waschgang 6 kg Wäsche waschen.   Machen Sie weiter.

4 Warenangebote vergleichen

S. 32 D
S. 33 E
S. 33 F

Vergleichen Sie

- die Lavo mit der Purga.
- die S-Mat mit der Lavo.
- die Purga mit der S-Mat.

Vergleich Purga – Lavo – S-Mat:

Die Purga hat den gleichen Stromverbrauch wie die Lavo. Im Vergleich zur S-Mat hat sie einen geringeren Strom- und Wasserverbrauch. Sie hat aber auch eine etwas geringere Füllmenge als die S-Mat. Sie ist tiefer als die S-Mat, aber alle drei Modelle haben die gleiche Höhe und Breite. Die Purga ist deutlich billiger als die S-Mat. Die S-Mat ist die teuerste von den drei Maschinen.

Gr. S. 31, 1

5 Ihre Geräte

S. 33 G

Welche Geräte haben Sie?

Staubsauger | Waschmaschine | Navigationsgerät | Fernsehapparat | Laptop | Mobiltelefon | MP3-Player | …

Gruppenarbeit: Suchen Sie Partner mit den gleichen Geräten.
Beschreiben Sie Ihr Gerät.

- Welche Eigenschaften hat es?
- Womit ist es ausgestattet?
- Was leistet es?

Vergleichen Sie Ihr Gerät mit den Geräten Ihrer Partner.
Welches ist das bessere Gerät?

Berichten Sie den anderen Gruppen.

Produktion   Herstellung

Verwaltung   Vertrieb

Rechnungswesen

Personalabteilung

Einkauf

Wirtschaftlichkeit: noch geringerer Verbrauch, niedrigere Wartungskosten

4 Jahre Garantie

komfortables fahrer-freundliches Cockpit für ermüdungsfreies Fahren

alle Vorteile der bekannten Verarbeitungsqualität

höchste Zuladung in seiner Klasse: je nach Modell zwischen 1 300 kg und 2 500 kg

kraftvoller 134-kW-Motor

neues Fahrwerk mit breiterer Spur

Der Mistral verbraucht wenig Treibstoff. Er zeichnet sich durch geringen Verbrauch aus.

Der Mistral verfügt über ein neues Fahrwerk. Er hat eine breitere Spur.

Der Mistral kann bis zu 2 500 kg transportieren. Das neue Modell ermöglicht eine Zuladung bis zu 2 500 kg.

6   **Der Einkauf sucht einen Transporter für den Fuhrpark.**

S. 34 H   Partnerarbeit: Beschreiben Sie den *Mistral* oder ein anderes Fahrzeug oder ein Gerät nach: Eigenschaften (Wie ist es?), Ausstattung (Was hat es?) und Leistung (Was kann es?).

1, 10   **7**   **Der neue *Mistral***

S. 34 I   Hören Sie, wie der Kundenberater das Fahrzeug in der Mistral-Vertretung präsentiert.
S. 34 J   In welcher Reihenfolge nennt er die folgenden Produktmerkmale?

1   Das Fahrzeug hat einen völlig neuen, kraftvollen Dieselmotor.
   Der Mistral ermöglicht eine Zuladung von bis zu 2 500 kg.
   Die ergonomisch geformten Sitze sorgen für angenehmes Fahren.
   Der Motor verbraucht nur 8 Liter Diesel auf 100 Kilometer.
   Der Motor leistet 134 kW.
   Das Fahrerhaus ist sehr komfortabel.
   Der Motor hat einen Hubraum von 2 000 ccm.
   Die Dieseltechnik und der günstige Preis machen den Mistral wirtschaftlich.
   Das Fahrzeug hat eine serienmäßige Klimaanlage.

8 Produktbeschreibung

S. 35 K
S. 35 L

Sie haben gehört, wie der Berater in der Mistral-Vertretung die Produktmerkmale des Fahrzeugs formuliert. Versuchen Sie es auch.

So kann man es sagen: Der Mistral …
ist: schnell/wirtschaftlich/bequem/sparsam/…
hat: einen modernen Motor / eine Klimaanlage / ein neues Fahrwerk / ein komfortables Fahrerhaus / …
kann: viel transportieren / … – macht: das Fahren bequem / … – leistet: viel / 134 kW / …

Und so steht es im Prospekt:

Der Mistral zeichnet sich durch eine Reisegeschwindigkeit von 140 Kilometern aus.
                          hohen Komfort
ist von großer Wirtschaftlichkeit.
weist eine ausgezeichnete Verarbeitungsqualität auf.

Eigenschaft

Der Mistral verfügt über ein neues Fahrwerk.
                        einen Hubraum von 2000 ccm.
ist mit einem komfortablen Fahrerhaus ausgestattet.
         einer Klimaanlage ausgestattet.

Ausstattung

Der moderne Motor sorgt für eine hohe Reisegeschwindigkeit.
                            niedrigen Verbrauch.
Das Fahrerhaus ermöglicht ermüdungsfreies Fahren.

Leistung

Gr. S. 31, 2

9 Was bietet die Konkurrenz? Der *Mistral* und der *Marathon* im Vergleich

S. 35 M
S. 35 N

Technische Daten	Mistral *Diesel-Motor*	Marathon *Otto-Motor*
Hubraum	2 000 ccm	2 400 ccm
Leistung	134 kW	160 kW
Verbrauch	8 l Diesel/100 km	12 l Super/100 km
Höchstgeschwindigkeit	140 km/h	155 km/h
Zuladung	2 500 kg max.	2 000 kg max.
Sitzplätze	3	3
Ausstattung	Klimaanlage, GPS, Radio	Klimaanlage, GPS gegen Aufpreis
Garantie	4 Jahre unbegrenzt	3 Jahre / 200 000 km

Beide verfügen über drei Sitzplätze. *Der Marathon ist aber nicht serienmäßig mit GPS ausgestattet.*
Der Marathon hat einen größeren Hubraum.
Der Marathon zeichnet sich durch eine höhere Geschwindigkeit aus.
Aber der Mistral weist einen niedrigeren Verbrauch auf.

Gr. S. 31, 1

10 Ihre Kaufentscheidung

Was wollen Sie nehmen? Den Mistral oder den Marathon? Den PC oder den Laptop? Das Handy von Samsung oder das von Nokia? Die Lavo oder die S-Mat? Den … oder den …?

Diskutieren Sie in Gruppen. Treffen Sie eine Entscheidung. Begründen Sie Ihre Entscheidung.

Wir nehmen	den …,	denn	er	zeichnet sich durch … aus | ermöglicht … | hat … |
	das …,		es	ist von … | sorgt für … | ist mit … ausgestattet |
	die …,		sie	verfügt über … | weist … auf

Deshalb nehmen wir ihn/es/sie.

11   Die eierlegende Wollmilchsau

Die eierlegende Wollmilchsau ist ein sehr seltenes Tier. Manche Menschen sagen, sie hätten mal eine gesehen. Das kann man natürlich nicht überprüfen. Einige behaupten, dass sie eine zu Hause haben. Aber das ist meistens nur eine fixe Idee. Andere dachten, dass sie eine gekauft haben. Aber das war dann immer eine Enttäuschung. Zu Hause mussten sie feststellen, dass es doch nur ein ganz normales Wollschaf war, das keine Eier legen, keine Schweineschnitzel liefern und keine Milch geben konnte. Oder sie hatten eine ordinäre Kuh gekauft, die Milch gibt, aber nicht für warme Winterwollpullover sorgt.

Eierlegende Wollmilchsäue sind – der Name sagt es ja schon – komplizierte Kreuzungen zwischen Kuh, Huhn, Schaf und Schwein. Schön kann diese Mischung, selbst wenn sie gelingt, natürlich nicht sein. Man sagt aber, dass sie einen freundlichen Charakter haben. Auch das kann natürlich niemand bestätigen. Wie gesagt, es sind seltene Tiere. Wenn sie aber wirklich nett sind, so hat das den Nachteil, dass ein Einsatz als eierlegender Wollmilchschweinewachhund nicht möglich ist. Dazu wären sie nicht unfreundlich genug.

Wenn Sie eine eierlegende Wollmilchsau (Abkürzung: Eiwomisau) sehen, nehmen Sie bitte sofort Kontakt mit dem nächsten zoologischen Garten auf.

- Was kann die eierlegende Wollmilchsau?
- Welche Eigenschaften hat sie?
- Womit ist sie ausgestattet?
- Haben Sie schon mal eine gesehen?
- Wie soll Ihre persönliche eierlegende Wollmilchsau sein? Was soll sie können und haben?

Der Begriff *eierlegende Wollmilchsau* ist eine metaphorische Bezeichnung für jemand oder etwas, der oder das sich durch große Vielseitigkeit auszeichnet und über die Leistung einer Kuh (Milch geben), eines Schafs (Wolle produzieren), eines Huhns (Eier legen) und eines Schweins (Fleisch liefern) gleichzeitig verfügt.

Der Ausdruck soll aus der Militärtechnik stammen. Die europäischen Staaten haben die Entwicklung eines Kampfflugzeugs in Auftrag gegeben. In der langen Entwicklungszeit haben die verschiedenen Regierungen immer neue und immer mehr Leistungen und Eigenschaften verlangt. Das Flugzeug wurde so zu einer „eierlegenden Wollmilchsau", die alles konnte, aber nichts richtig.

Deshalb spricht man oft von einer „eierlegenden Wollmilchsau", wenn man nicht an die großartigen und vielfältigen Eigenschaften oder Qualitäten glaubt, die ein Mensch, eine Maschine oder ein Gerät angeblich haben soll.

 12   Beim Immobilienmakler

- Welche Ausstattungsmerkmale wünscht sich der Herr für sein Haus?
- Welche Eigenschaften soll Ihr Traumhaus aufweisen?
- Womit soll Ihr Traumhaus ausgestattet sein?

1 Komparation: *A ist ...er als B. C ist am ...sten.*

		Komparativ: *-er*	Superlativ: *am -sten*
regelmäßig			
	schnell	schnell**er**	**am** schnell**sten**
unregelmäßig			
a>ä	warm	wärm**er**	**am** wärm**sten**
o>ö	groß	größ**er**	**am** größ**ten**
u>ü	kurz	kürz**er**	**am** kürz**esten**
	gut	**besser**	**am besten**

A: 1,06 kWh **B**: 1,06 kWh
A: € 649,- **B**: € 489,-
A: € 489,- **B**: € 649,- **C**: € 998,-

- Modell A ist genauso sparsam wie Modell B.
- Modell B ist billiger als Modell A. Modell A ist teurer als Modell B.
- Modell C ist am teuersten. Modell A ist am billigsten.

Deklination: *A ist ein kleineres Modell als B. C ist das kleinste Modell.*

	Maskulinum				Neutrum				Feminum				Plural			
N	der	neu	er st	e	das	neu	er st	e	die	neu	er st	e	die	neu	er st	en
A	den	neu	er st	en	das	neu	er st	e	die	neu	er st	e	die	neu	er st	en
D	dem	neu	er st	en ...	dem	neu	er st	en ...	der	neu	er st	en ...	den	neu	er st	en ...
G	des	neu	er st	en	des	neu	er st	en	der	neu	er st	en	der	neu	er st	en

	Maskulinum				Neutrum				Feminum			
N	ein	neu	er	er	ein	neu	er	es	eine	neu	er	e
A	einen	neu	er	en	ein	neu	er	es	eine	neu	er	e
D	einem	neu	er	en ...	einem	neu	er	en ...	einer	neu	er	en ...
G	eines	neu	er	en	eines	neu	er	en	einer	neu	er	en

- Modell A hat eine geringere Tiefe als Modell B.
- Modell A hat einen niedrigeren Preis als Modell B und C.
- C ist das Modell mit dem geringsten Verbrauch.

A: € 489,- **B**: € 649,- **C**: € 998,-
A: 6 l/100 km **B**: 5 l/100 km **C**: 4,5 l/100 km

2 Die Umgebung des Verbs

Reflexiv-pronomen	Verb	Präposition	Ergänzung
	leben		
	frühstücken		
sich	trennen		
sich	auszeichnen	durch	WAS
	verfügen	über	WAS
	sorgen	für	WAS
	auskommen	mit	WEM

- ● *Wodurch zeichnet sich das teurere Gerät aus?*
- ▲ *Es zeichnet sich durch seine Wirtschaftlichkeit aus.*
- ● *Dadurch zeichnet sich das billigere auch aus. Es verfügt zusätzlich über einige Extras.*
- ▲ *Darüber verfügt das teurere Gerät auch. Außerdem weist es einen niedrigeren Verbrauch auf. Dafür sorgt seine moderne Technik.*

Wichtige Wörter und Wendungen

... ist wirtschaftlich	... zeichnet sich durch Wirtschaftlichkeit aus.
... ist bedienerfreundlich	... ist von großer Bedienerfreundlichkeit.
... ist breit	... weist eine breitere Spur auf.
... ist komfortabel	... verfügt über großen Komfort.

A   Wie heißen die Haushaltsgeräte?

_____ _____ _____ _____

_____ _____ _____ _____

B   Unser Spül-Blitz

Ordnen Sie den Aussagen die passenden Eigenschaften zu.

A Er hat einfache und klare Tasten zur Inbetrieb-
   nahme. Er ist sehr …
B Er verbraucht sehr wenig Wasser und Strom.
   Er arbeitet wirklich …
C Auch sehr schmutziges Geschirr wird immer
   sauber. Wir finden ihn …
D Er funktioniert schon seit zehn Jahren zuverlässig
   ohne Reparaturen und Wartung. Er ist …
E Er war nicht billig. Aber für die gute Leistung
   und den niedrigen Energieverbrauch war der
   Preis nicht zu hoch. Er ist wirklich …

1 langlebig
2 bedienerfreundlich
3 leistungsstark
4 preiswert
5 wirtschaftlich

C   Adjektiv-Endungen

a) netter Kollege: der _nette Kollege_ → viele _____ → den _____

→ mit einem _____ → nur ein _____

b) gute Geräte: ein _____ → das _____ → mit einem _____

→ mit einigen _____ → Teil eines _____ → unser _____

c) wichtige Frage: mehrere _____ → deine _____

→ einer _____ → keine _____ → der _____

D   Im Elektromarkt

Schreiben und/oder spielen Sie Dialoge. Beispiel:

a

← ● _Der ist leistungsstark._
▲ _Ist der da nicht doch leistungsstärker?_ ⟶
← ● _Nein, dieser ist am leistungsstärksten._
▲ _Ich hätte aber gern einen wirklich leistungsstarken._
← ● _Nehmen Sie den! Einen leistungsstärkeren_
   gibt es nicht. Das ist wirklich der leistungsstärkste.

b

← ● _Der ist wirtschaftlich._
▲ _…?_
← ● _Nein, …_
▲ _Ich hätte aber gern …_
← ● _…_
   _…_

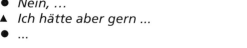

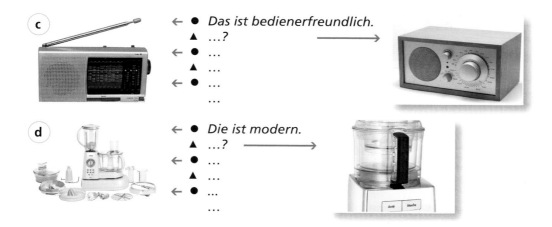

c ← ● *Das ist bedienerfreundlich.*
  ▲ *...?*
  ← ● ...
  ▲ ...
  ← ● ...
  ...

d ← ● *Die ist modern.*
  ▲ *...?*
  ← ● ...
  ▲ ...
  ← ● ...
  ...

E **Hören und sprechen**   ● *Ist der groß genug?*
  ▲ *Nein, ich hätte gern einen größeren.*

F **Der Online-Shop *Design Plus***

a) Lesen Sie nur die markierten Teile. Ordnen Sie sie den Punkten 1–5 zu:

1 Angebot/Branche:

_das breiteste Sortiment_____

2 Preisgarantie:

_____

_____

3 Versand:

_____

_____

4 Sonderangebote:

_____

5 Newsletter:

_____

b) Fassen Sie den Text schriftlich zusammen. Benutzen Sie die Stichpunkte 1 – 5.

c) Wenn Sie wollen, können Sie Ihre Zusammenfassung mit dem Text rechts vergleichen und ergänzen.

Vom kabellosen Mixer bis zum praktischen Gemüseschneider finden Sie im *Design Plus* Online-Shop das breiteste Angebot an Küchenhelfern. Kein Anbieter hat ein größeres und preiswerteres Sortiment.

Unser Versprechen: Wenn Sie bis zu drei Monate nach Kauf eines unserer Artikel ein günstigeres Angebot finden, können Sie sich an unseren Kundendienst wenden. Wir finden eine faire Lösung.

Wir garantieren schnelle und zuverlässige Lieferung. Wenn Sie heute bis 17.00 Uhr bestellen, liegt die Bestellung übermorgen beim angegebenen Empfänger auf dem Tisch. Ab einem Warenwert von 50 Euro liefern wir kostenlos. Auf Wunsch versenden wir alle Artikel in Geschenkpapier; Sie können aus drei Designs auswählen.

Nutzen Sie die Preisvorteile unserer wöchentlichen Aktionsangebote mit Rabatten bis zu 50 %. Diese Woche zum Beispiel: Der kraftvolle Gemüseschneider aus Edelstahl für eine längere Lebensdauer zum Sonderpreis von € 29,95.

Wichtige Neuigkeiten über unser Angebot kommen direkt zu Ihnen nach Hause. Bestellen Sie unseren monatlichen Newsletter. So haben Sie immer die aktuellsten Informationen online zur Hand. Klicken Sie einfach die für Sie wichtigen Bereiche an: Haus + Küche – Heim + Garten – Sport – Freizeit – Mode. Dann bekommen Sie nur die Infos, die für Sie wichtig sind.

G **Aussprache**

Denk stets, wenn etwas dir nicht gefällt:
„Es währt nichts ewig auf dieser Welt."
Der kleinste Ärger, die größte Qual
sind nicht von Dauer. Sie enden mal.

aus: Otto Reutter, „In 50 Jahren ist alles vorbei"

langsam und deutlich
→ *schneller werden*
→ flüssig und deutlich

O. Reutter (1870 – 1931) Kabarettist und Sänger

H Produktbeschreibung

ist wie: bedienerfreundlich | schnell | ~~sparsam im Verbrauch~~

hat was: ~~exklusives Design~~ | automatische Druckkopfreinigung | eingebaute Kamera

kann was: Kaffee, Espresso und Cappuccino zubereiten | brillante Fotos drucken | ~~Musik speichern~~

Wie ist, was hat, was kann das Gerät? Beschreiben Sie die Geräte unter diesen Gesichtspunkten.

a) _Der Drucker ist sparsam im Verbrauch. Er hat eine_ _____

_____

b) _Die Kaffeemaschine_ _____ _Sie hat ein exklusives Design._

_____

c) _Das Mobiltelefon_ _____

_____ _Es kann Musik speichern._

I Adjektive – Nomen

a) Schreiben Sie die passenden Nomen und Adjektive in die Lücken.

schnell	die Schnelligkeit	_____	die Leistungsstärke
wirtschaftlich	_____	_____	der Komfort
sparsam	_____	breit	_____
bedienerfreundlich	_____	_____	die Tiefe
_____	Langlebigkeit	lang	_____
_____	Bequemlichkeit	hoch	_____

b) Schreiben Sie Sätze wie im Beispiel.

1 Motor – leistungsstark _Ein leistungsstarker Motor – er zeichnet sich durch Leistungsstärke aus._

2 Motor – sparsam _Ein ... er ist von großer ..._

3 Anlage – wirtschaftlich _Eine ... sie zeichnet sich ..._

4 Gerät – langlebig ...

5 Stuhl – komfortabel ...

6 Tastatur – bedienerfreundlich ...

J Bilden Sie Adjektive.

a) _frei oder _reich?

1 störungs_frei_

2 abwechslungs_____

3 erfolg_____

4 vitamin_____

5 ermüdungs_____

b) _freundlich oder _los?

1 kabel_los_

2 wartungs_____

3 bediener_____

4 problem_____

5 fahrer_____

c) _arm oder _voll?

1 kraft_voll_

2 wert_____

3 wartungs_____

4 verbrauchs_____

5 verständnis_____

K   Eigenschaft, Ausstattung, Leistung

Was ist Ihrer Meinung nach eine Eigenschaft (E), ein Ausstattungsmerkmal (A), eine Leistung (L)?
Kreuzen Sie an.

hohe Zuladung	E	A	L
Wirtschaftlichkeit	E	A	L
modernes Fahrwerk	E	A	L
134 kW-Diesel-Motor	E	A	L
geringer Verbrauch	E	A	L

gute Verarbeitungsqualität	E	A	L
komfortables Fahrerhaus	E	A	L
ermüdungsfreies Fahren	E	A	L
hohe Geschwindigkeit	E	A	L
niedrige Wartungskosten	E	A	L

L   Der Transporter

a) Ordnen Sie zu.

1   Der Transporter
2   Das komfortable Fahrerhaus
3   Die bekannte Verarbeitungsqualität
4   Die elektronische Motorsteuerung
5   Der kraftvolle Motor

verfügt über

sorgt für /
ermöglicht

zeichnet sich
durch ... aus

A   den hohen Wiederverkaufswert.
B   eine hohe Reisegeschwindigkeit.
C   ermüdungsfreies Fahren.
D   einen modernen Dieselmotor.
E   geringen Verbrauch.
F   große Wirtschaftlichkeit.
G   hohe Verarbeitungsqualität.
H   ein komfortables Fahrerhaus.

b) Schreiben Sie einige Sätze.

Auch das Modell IT Extra verfügt über einen modernen Dieselmotor.
Der Transporter zeichnet sich durch ...

M   Hören und sprechen: Der Neue ist besser.

● *Wodurch zeichnet sich der neue Mistral aus?*
▲ *Durch höheren Komfort.*
● *Womit ist er ausgestattet?*
▲ *Mit bequemeren ...*
● *Und worüber verfügt er?*
▲ *Über ...*

1. hoher Komfort
2. bequeme Sitze
3. moderne Motortechnik
4. sparsamer Verbrauch
5. hohe Wirtschaftlichkeit
6. eine leistungsstarke Klimaanlage
7. angenehmes Klima
8. ein bedienerfreundliches Cockpit

N   Zwei Laptops

Worüber verfügen sie, womit sind sie ausgestattet? Machen Sie Dialoge wie im Beispiel.

Vario R 690   Renamo 4.0

Festplatte	360 GB	160 GB
Bildschirm	15,4 Zoll	17 Zoll
Taktfrequenz	2,4 GHz	2 GHz
Betriebssystem	ja	nein

● *Verfügt der Renamo über die größere Speicherkapazität?*
▲ *Nein, darüber verfügt der Vario.*
● *Und worüber verfügt der Renamo?*
▲ *Der verfügt über eine Speicherkapazität von 160 GB.*

● *Ist der Vario mit dem größeren Bildschirm ausgestattet?*
▲ *Nein, ...*
● *Und ...?*
▲ *Der ...*

● *Verfügt der Renamo über die höhere Taktfrequenz?*
▲ *Nein, ...*
● *Und ...?*
▲ *Der ...*

● *Ist der Renamo beim Kauf mit dem Betriebssystem ausgestattet?*
▲ *Nein, ...*
● *Und ...?*
▲ *Der ...*

Was machen wir jetzt?

Organisation
die Sache verschieben
eine andere Lösung suchen
jemand um Rat bitten

Kommunikation und Koordination
Bescheid sagen
die Sache erklären
um Entschuldigung bitten

Vielleicht können wir ...
Wie wär's denn mit ...
Wir könnten ja mal Tonio anrufen.

Roland, ich habe eine schlechte Nachricht. ...
Die Sache ist so: ...
Es tut mir furchtbar leid, dass ...

Beschaffung, Logistik
ein Fahrzeug mieten
ein anderes Transportmittel wählen
Tobias um seinen Pronto bitten

Und wenn wir ...
Mein Vorschlag ist: ...
Sollen wir mal Tobias fragen, ob ...

Leute, der Transporter ist kaputt. Ich schlage vor, ...

---

1 **Planung zu dritt**

S. 42 A

Sie haben zwei Freunden versprochen, ihnen morgen mit dem Kleintransporter eines Kollegen beim Umzug zu helfen. Aber der Wagen ist in Reparatur. Was sagen Sie? Was könnten Sie tun?

1, 12 **2** **Was machen wir jetzt?**

S. 42 B

a) Hören Sie, was passiert ist. Verteilen Sie die Aufgaben neu:
- Wer soll was übernehmen?
- Was wird verschoben? (= wird später gemacht)
- Was fällt aus? (= braucht nicht gemacht zu werden)

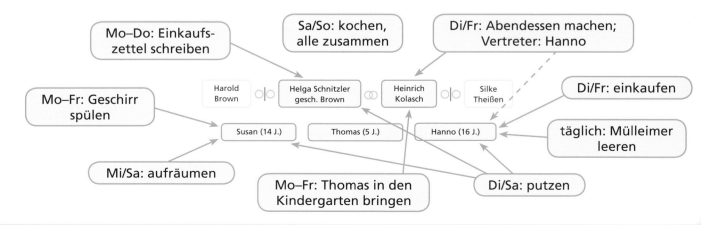

1, 13 **b)** Hören Sie und schreiben Sie die fehlenden Angaben in die Tabelle.

Aufgabe	Wer macht das?	Wann?
Abendessen machen		
Einkaufszettel schreiben		
einkaufen		
putzen		
Thomas in den Kindergarten bringen		
aufräumen		
Geschirr spülen		
Mülleimer leeren		
alles andere		

3   **Helga hat gesagt ...**

S. 42 C

Thea Schnitzler sagt zu Heinrich Kolasch : „Helga hat gesagt ... äh gefragt ... äh ... und da bin ich gleich gekommen." Spielen Sie das Telefonat zwischen Helga Schnitzler und ihrer Mutter.

4   *davor, danach, gleichzeitig, inzwischen, in der Zwischenzeit*

S. 43 D
S. 43 E
S. 43 F

16.00 bis 18.00 Uhr	**Thea Schnitzler besucht Hanno im Krankenhaus.**
bis 16.00 Uhr	Alle sind zu Hause.
um 15.45 Uhr	Susan ruft Hanno im Krankenhaus an. Heinrich K. will Hanno auch um 15.45 Uhr im Krankenhaus anrufen: besetzt.
16.00 bis 18.00 Uhr	Susan lernt für die Schule.
16.30 bis 17.00 Uhr	Nicole kauft ein.
ab 18.30 Uhr	Alle essen zu Abend.

Gr. S. 41, 1–2

a) Thea Schnitzler besucht Hanno im Krankenhaus. Was machen die anderen davor, danach, gleichzeitig, in der Zwischenzeit?

b) Von wann bis wann macht wer was? Was macht ein anderer davor, danach, gleichzeitig, inzwischen?

5   **Manchmal kommt etwas dazwischen.**

S. 43 G

In Gruppenarbeit: Sie wollen zu sechst ...

... eine Grillparty machen.	... als Mannschaft an einem Hallenhandball-Turnier teilnehmen.	... eine Radwanderung machen.

Da stellen Sie fest:

Es fängt an zu regnen.	Ein Spieler hat sich am Daumen verletzt.	Zwei Räder haben eine Panne.

Was tun? Sammeln Sie Ideen und Vorschläge und tragen Sie sie ein. Arbeiten Sie in Dreiergruppen.

Grillparty verschieben	*Ersatzspieler suchen*	*Fahrräder ausleihen*

Tragen Sie Ihre Ideen und Vorschläge den anderen Gruppen vor.

die Tagesordnung mit den Teilnehmern abstimmen
Parkplätze auf dem Besucherparkplatz reservieren
Tageslichtprojektor und Beamer bereitstellen
im Gasthaus Krone einen Tisch reservieren
für Bewirtung während der Tagung sorgen
einen Garderobenständer bereitstellen
die genaue Teilnehmerzahl feststellen
einen Tagungsraum reservieren

die Lautsprecheranlage testen
die Tagesordnung aufstellen
die Sitzordnung festlegen
den Tagungsraum lüften
die Teilnehmer abholen
das Menü vereinbaren

Bevor die Tagung losgeht, wird das eine oder andere noch erledigt.
Solange wir nicht wissen, wer alles kommt, können wir gar nichts machen.
Während ich die Teilnehmer begrüße, kann ich auch die Tagesordnung mit ihnen besprechen.
Wir können mit den Vorbereitungen nicht warten, bis die Leute vor der Tür stehen.
Nachdem der Tagungsraum aufgeräumt ist, schließen wir ihn natürlich ab.

6 Sie sind verantwortlich.

Sie sollen zu dritt eine Tagung vorbereiten:
- Was ist zu tun?
- In welcher Reihenfolge wird was erledigt?

Gr. S. 41, 2

Wer	macht was?
Herr Brodersen	*Teilnehmerzahl feststellen*
Herr Kamprad	
Frau Kollo	
Frau Peters	

7 Aufgabenplanung

1, 14

S. 44 H
S. 44 I
S. 44 J

a) Hören Sie. Tragen Sie in die Tabelle ein, wer was macht.

b) Tragen Sie J (Ja) oder N (Nein) ein.

1 Es handelt sich um eine Besprechung.
2 Fünf Leute nehmen teil.
3 Es geht um eine Reklamation.
4 Aufgaben werden verteilt.
5 Dabei wird auch gelacht.
6 Die Stimmung ist schlecht.
7 Zwanzig Kunden haben zugesagt.
8 Herr Kamprad hat alle Zusagen.
9 Er gibt Frau Kollo die Zusagen.

10 Herr Kamprad stellt eine Bedingung.
11 Herr Kamprad macht die Technik zum ersten Mal.
12 Frau Kollo ist für die Betreuung verantwortlich.
13 Frau Kollo kennt die Reihenfolge nicht.
14 Die Bewirtung gehört auch zur Betreuung.
15 Herr Brodersen meint, es ist noch viel Zeit.
16 Herr Kamprad behandelt Frau Kollo mit Humor.
17 Frau Peters ist eine gute Kollegin.
18 Herr Kamprad ist ein Spaßvogel.

8 Können Sie kommen? Nehmen Sie teil?

Helfen Sie Herrn Kamprad bei seiner Aufgabe, die Interessenten anzurufen oder ihnen eine E-Mail zu schreiben.

Telefonat		E-Mail	
Kleine Einleitung, ein bisschen Small Talk	*Hallo, wie geht es Ihnen? Wie laufen die Geschäfte?*	Anrede	Betreff Sehr geehrte Frau … Sehr geehrter Herr …

Telefonat/E-Mail	
eine Einführung geben das Anliegen nennen Interesse wecken Interesse zeigen	Wir haben Sie zu … eingeladen. – Der Termin ist der … Ich wollte Sie fragen, … Wissen Sie schon, … Bitte teilen Sie uns mit, … interessante Veranstaltung – viele Überraschungen – nützliche Kontakte Es wäre schön, … – Ich würde mich freuen, … – Hoffentlich …

Telefonat		E-Mail	
optimistisches Ende	*Ich freue mich darauf. Vielleicht geht es das nächste Mal.*	Gruß	Mit freundlichen/herz- lichen/besten Grüßen

Gr. S. 41, 3

9 Es kommt immer alles anders.

a) 1 Handelt es sich um eine Besprechung oder um ein informelles Gespräch?
2 In welcher Stimmung ist Frau Peters? Woran erkennt man das?
3 Geht es um Zwischenfälle oder um Unfälle?
4 Was verstehen Sie unter Termintreue: pünktlich liefern oder richtig liefern?
5 Die Tagesordnung ist fertig und verschickt. Was ist inzwischen passiert?
6 Wie reagiert Frau Peters?

b) In Zweiergruppen: Was würden Sie tun? Tragen Sie Ihre Lösungen vor.

10 Setzen Sie ein.

S. 45 K

Solange | Bevor | Wenn | Seit | ~~weil~~ | Nachdem | Während | Obwohl   Gr. S. 41, 1

Wir dürfen nicht länger warten, _weil_____ es sonst zu spät wird. _____ Frau Peters die

Organisation macht, gibt es keine Pannen mehr. _____ Frau Peters an der Tagesordnung arbei-

tet, soll Herr Brodersen die Kunden anrufen. _____ Frau Peters mit der Organisation beschäf-

tigt ist, kann sie nichts anderes machen. _____ der Letzte endlich gekommen ist, können

wir jetzt anfangen. _____ wir die Hotelzimmer buchen, müssen wir sehen, ob es Absagen gibt.

_____ die zuverlässige Frau Peters die Planung gemacht hat, gab es doch ein paar Pannen.

_____ Herr Brodersen nicht bald die Teilnehmerzahl meldet, kommen wir nicht weiter.

11 So etwas muss man planen.

S. 45 L

Planen Sie in drei Gruppen eine Besprechung mit wichtigen Gästen in Ihrem Unternehmen.

Gruppe 1: Wie wird die Sache vorbereitet?
Gruppe 2: Was ist während der Besprechung nötig?
Gruppe 3: Wie wird das Ganze nachbereitet?

Die Gruppen tragen ihre Planung einander vor und diskutieren darüber.

Bevor es losgeht, holen wir alles, was wir brauchen.

Während die Besprechung läuft, müssen die Handys aus sein.

12   Planungstypen

Da sitzt eine Maus.

- Der Skeptiker sagt: „Wer weiß, ob das eine Maus ist?"

- Der Fanatiker ruft: „Es lebe die Maus!", oder: „Nieder mit der Maus!"

- Der Aufschieber sagt: „Die ist morgen auch noch da."

- Der Detailplaner sagt: „Die muss ich genau untersuchen."

- Der Theatralische ruft: „Hilfe, ein Untier!"

- Der Oberflächliche sagt: „Eine Maus oder eine Ratte oder so."

Die meisten Menschen haben eine eher kritische Meinung zur Planung, privat und beruflich. Planung kostet Zeit. Planung nimmt die Flexibilität. Es kommt ja doch alles anders als geplant.

Wir unterscheiden sechs Planungstypen. Der *Skeptiker* hält nicht viel von Planung. Er meint, man braucht keine Planung. Es geht auch ohne. Der *Fanatiker* liebt Planung über alles. Er plant auch dann, wenn es nichts zu planen gibt. Der *Aufschieber* plant nicht gern, weil er seine Arbeit gerne verschiebt und sich auf keinen Fall festlegen will. Der *Detailplaner* verliert sich in Einzelheiten. Seine Planungen sind so genau, dass man nichts damit anfangen kann. Der *Theatralische* liebt das Risiko. Er will sich nicht vorbereiten. Er liebt die Überraschung. Der *Oberflächliche* glaubt, dass auch ohne Planung alles glatt läuft. Er sieht das Risiko und die Gefahr nicht.

Was für ein Planungstyp sind Sie? Sind Sie privat ein anderer Planungstyp als beruflich? Und Ihre Freunde und Bekannten? Erzählen Sie ein typisches Erlebnis.

Wollen Sie wissen, was für ein Planungstyp Sie sind? Dann machen Sie den Selbsttest.

13   Selbsttest: Was für ein Planungstyp bin ich?

S. 45 M   Kreuzen Sie in jeder Spalte die drei Sätze an, die am meisten auf Sie zutreffen.

Was halten Sie von Planung?
- pp Es kommt immer anders, als man plant.
- Q Planung ist wunderbar.
- 6 Planung kostet nur Zeit und bringt nichts.
- 11 Planung kann gar nicht genau genug sein.
- n Vieles erledigt sich durch Liegenlassen.
- x9 Planung ist eine Frage von Sein oder Nichtsein.

Was halten Sie von Krisenmanagement?
- F Krisen entstehen nur durch fehlende Planung.
- 2 Krisenmanagement macht Spaß.
- 31 Gegen Krisen hilft nur genaue Planung.
- g So eilig ist es meistens gar nicht.
- t5 Krisenmanagement ist die Stunde der Wahrheit.
- ss Krisenmanagement und Planung sind zwei Paar Schuhe.

Übertragen Sie Ihre Kreuze in die Grafik.

pp | ss	g | n	2 | 6	9 | t5	11 | 31	F | Q
der Skeptiker	der Aufschieber	der Oberflächliche	der Theatralische	der Detailplaner	der Fanatiker

Was sagen Sie zu dem Ergebnis? Was ist daran richtig? Was stimmt nicht?

14   Das Angebot

1, 16

Hören Sie das Gespräch zwischen Herrn Zauder und Frau Windisch.
- Was befürchtet Herr Zauder?
- Wozu ruft Herr Peinhardt an?

1 Nebensätze mit *bevor, solange, während, wenn, nachdem, seit, als*

Bevor	die Besprechung zu Ende		ist,	können wir keinen Zeitplan machen.
Solange	wir noch in der Besprechung		sind,	
Während	die Besprechung in Raum 4	stattgefunden	hat,	gab es in Raum 5 Diskussionen.
Wenn	die Leute den Zeitplan		kennen,	diskutieren sie nicht so viel.
Nachdem	die Besprechungsergebnisse	vor liegen,		ist der Zeitplan klar.
Seit	alle den Zeitplan		kennen,	hat die Kritik aufgehört.
Als	die Besprechung zu Ende		war,	gingen neue Diskussionen los.

2 *vorher/davor, dann/danach, gleichzeitig, inzwischen, in der Zwischenzeit*

Die Besprechung beginnt gleich. **Vorher** müssen wir aber noch fünf Stühle holen. Ich habe schon zehn Stühle geholt. **Davor** waren gar keine da. **Gleichzeitig** muss jemand das Flipchart aufstellen. Ich bringe **inzwischen** den Kaffee. **Dann** kann es losgehen. Die Leute sollten fünf Minuten **vorher** da sein. Die Eröffnung ist um Punkt 15.00 Uhr. **Danach** kommt keiner mehr in den Saal. Bis gestern 17.00 Uhr hatten wir zwölf Anmeldungen. **Inzwischen** sind es zwanzig. **In der Zwischenzeit** haben also noch acht Leute ihre Teilname zugesagt.

3 Reflexive Verben

Worüber freut	er/sie	sich	
Worüber freuen	sie/Sie		am meisten?
Worüber freust	du	dich	
Worüber freut	ihr	euch	

Ich freue mich	am meisten über die Zusage von Frau Sandoval.
Wir freuen uns	

Wichtige Wörter und Wendungen

es handelt sich um / es geht um

Morgen kommt Herr Petry zu einer Besprechung.
Bei Herrn Petry **handelt es sich um** den Einkaufsleiter von der Firma Ballora.
Bei dem Gespräch **geht es um** einen größeren Auftrag.

Während des Gesprächs führen wir ihm auch unsere Fertigungsautomaten vor.
Bei diesen Automaten **handelt es sich um** eine sehr leistungsfähige Neuentwicklung.
Bei der Vorführung **geht es** aber nur **um** technische Fragen.

verstehen unter

● *Was **verstehen Sie unter** Personalentwicklung?*
▲ *Bei uns **versteht man darunter** eine Entwicklungsplanung für die Mitarbeiter. Keiner soll morgen immer noch dort stehen, wo er heute steht.*
● *Dabei geht es doch bestimmt auch um Geld?*
▲ *Ja, aber es geht nicht nur darum. Aber selbstverständlich **verstehen wir unter** Personalentwicklung auch diese Seite der Sache.*

A   **Greta schreibt Tobias.**

Gottfried hat Roland und Greta versprochen, ihnen morgen mit seinem Kleintransporter beim Umzug zu helfen. Aber Gottfried hatte mit dem Fahrzeug einen Unfall. Der Transporter ist in der Werkstatt. Greta schreibt Tobias eine E-Mail und fragt ihn, ob er ihnen mit seinem Lkw helfen kann.

Hallo Tobias,

wir haben ein großes Problem und wissen keine Lösung. Gottfried

_____

_____

Aber _____

_____

_____

Ich wollte Dich fragen, ob _____

_____

Wir warten auf Deine Rückmail oder Deinen Anruf.

Deine Greta

B   **Tobias hilft Greta und Roland. Das gibt Änderungen.**

Zeit	Aktivität	Änderung	
8–9	Einkaufen	soll Erika übernehmen	Tobias bittet Erika, den Einkauf zu übernehmen.
9–11	Lernen	auf Sonntag verschoben	
11–13	Tennis mit Peter	abgesagt	
13–14	Mittagessen	fällt aus	
14–15	Elke ein Buch ins Krankenhaus bringen	Das soll Robert übernehmen.	Tobias
15–18	Putzen	nicht gemacht	
18–21	Kinobesuch mit Erika	auf Dienstag verschoben	
21–23	Lesen, Fernsehen	fällt aus	

C   **Susan Brown schreibt ihrer Oma Thea Schnitzler eine E-Mail. Was schreibt sie?**

Susan erkundigt sich, wie es Thea Schnitzler geht.

Sie schreibt, was mit Hanno passiert ist.

Sie schreibt, dass Heinrich Kolasch ab morgen auf einer längeren Dienstreise ist.

Sie fragt ihre Oma, ob sie für ein paar Tage kommen kann.

Liebe Oma,

_____

_____

_____

_____

_____

_____

_____

Viele Grüße und Küsse für Dich, liebe Omi, von Deiner

Susan

D **Heinrich Kolasch kommt gegen halb acht nach Hause ...**

Schreiben Sie die Sätze rechts zu Ende. Verwenden Sie dabei die Wörter im Kasten.

inzwischen | am Tag danach | Danach | nachdem | gleichzeitig | zwei Tage später | zunächst | inzwischen

Während Heinrich Kolasch bei Hanno im Krankenhaus ist, haben Helga und Susan schon das Abendessen vorbereitet.

Heinrich Kolasch ist noch bei Hanno im Krankenhaus; inzwischen haben Helga und Susan schon das Abendessen vorbereitet.

Als Heinrich gegen 18.00 Uhr von dem Unfall erfahren hat, ist er sofort ins Krankenhaus gefahren.

Heinrich ist sofort

Alles hat im ersten Moment sehr schlimm ausgesehen.

Alles hat

Aber durch den Arzt weiß Heinrich K. nun, dass es nur halb so schlimm ist.

Aber

Bevor alle ins Krankenhaus fahren, essen sie erst einmal zu Abend.

Alle essen

Sie überlegen während des Abendessens, wie es weitergeht.

Sie überlegen

Für Heinrich Kolasch beginnt nämlich am nächsten Tag eine längere Auslandsdienstreise, und am übernächsten Tag kommt Susans französische Austauschschülerin Nicole.

Für Heinrich Kolasch

E **Hören und sprechen**
- *Jetzt hat er keine Schmerzen mehr.*
- ▲ *Inzwischen hat er wieder welche.*

F **Schreiben Sie die Wörter in die Lücken.**

bevor gleichzeitig gleichzeitig inzwischen inzwischen danach	Ich koche und du räumst _____ schon mal ein bisschen auf. In unserer kleinen Küche können nicht zwei Leute _____ arbeiten. Aber _____ du aufräumst, musst du Getränke holen. Aufräumen kannst du _____. Es kann sein, dass _____ schon ein paar Leute da sind. Die kommen nicht alle _____, sondern eher einer nach dem anderen.

G **Du kannst planen, sagen, wollen, denken ...**

Sprechen Sie im Rhythmus. Singen Sie den Rap.

Du kannst planen, was du willst. Du kannst planen, planen, planen, und am Ende kommt es anders, als du denkst.

H Schreiben Sie den Text zweimal in Normalschrift.

UM DREI UHR KOMMEN DREI LEUTE. WENN SIE SIE SEHEN, GEHEN SIE ZUSAMMEN MIT IHNEN IN RAUM 6 UND DANN ERKLÄREN SIE IHNEN DAS NEUE GERÄT. BEVOR SIE IHNEN DAS GERÄT ERKLÄREN, GEBEN SIE IHNEN GENUG ZEIT, UM MIT IHNEN GEMEINSAM DIE UNTERLAGEN ZU LESEN. WENN SIE MIT IHNEN DIE UNTERLAGEN DURCHARBEITEN, BLEIBEN SIE IMMER BEI IHNEN IM RAUM. NACHDEM SIE IHNEN DAS GERÄT ERKLÄRT HABEN, SOLLEN SIE IHNEN EVENTUELLE FRAGEN BEANTWORTEN. DANN FÜHREN SIE SIE ZURÜCK ZUM BESUCHERPARKPLATZ.

Um drei Uhr kommen drei Leute. Wenn Sie sie _____

_____

_____

_____

_____

_____

Um drei Uhr kommen drei Leute. Wenn sie Sie _____

_____

_____

_____

_____

_____

I Worum handelt es sich? Worum geht es?

1 ~~eine Besprechung: ein Liefertermin~~ | 2 ein Kundenevent: neue Produkte | 3 ein Bericht: ein Arbeitsunfall | 4 Unfallschutzmaßnahmen: Sicherheitsschuhe | 5 eine Reklamation: der Rechnungsbetrag | 6 eine Diskussion: Sozialleistungen

1 *Es handelt sich um eine Besprechung. Dabei geht es um einen Liefertermin.*

2 _____

3 _____

4 _____

5 _____

6 _____

J Nomen und Verb

Schreiben Sie wie im Beispiel.

Die Kunden haben etwas besprochen.	*Ich weiß, dass es eine Besprechung gab.*
1 Jemand hat reklamiert.	
2 *Frau Berg*	Ich weiß, dass es eine Zusage von Frau Berg gab.
3 Zwei Leute haben abgesagt.	
4	Ich weiß, dass es drei Zimmerreservierungen gab.
5 Das war vereinbart.	
6	Ich weiß, dass es für alle ein Abendessen gab.
7 Jemand hat sich beschwert.	

K Planen und anfangen

a) Welche Sätze sind richtig?

1 Nachdem man angefangen hat, soll man planen. | 2 Während man plant, kann man anfangen. | 3 Man soll nicht anfangen, bevor man geplant hat, sondern man soll planen, bevor man anfängt. | 4 Nachdem man geplant hat, kann man anfangen. | 5 Aber bevor man angefangen hat, kann man nicht planen. | 6 Während man anfängt, kann man planen. | 7 Solange man noch plant, kann man schon mal anfangen.

b) Korrigieren Sie die falschen Sätze.

c) Fragen Sie.   ● *Stimmt es, dass man planen soll, nachdem man angefangen hat?*
▲ *Nein. Zuerst wird geplant, dann wird angefangen.*

L Vor der Tagung, während der Tagung, nach der Tagung

V 1 Schreibblöcke und Kugelschreiber auf die Plätze legen
2 die Vereinbarungen schriftlich bestätigen
N 3 eine Nachbesprechung durchführen
4 einen Tagungsraum reservieren
5 die Lautsprecheranlage testen
6 die Tagesordnung aufstellen
7 die Tagungsgäste abholen
D 8 auf den Zeitplan achten
9 ein Flipchart aufstellen

10 die Gäste zum Bahnhof bringen
11 den Tagungsraum aufräumen
12 alle zu Wort kommen lassen
13 die Ergebnisse aufschreiben
14 die Teilnehmer begrüßen
15 Störungen vermeiden
16 für Bewirtung sorgen
17 Getränke servieren

a) Welche Tätigkeiten und Maßnahmen gehören zur Vorbereitung (V) der Tagung? Welche gehören zur Durchführung (D)? Welche zur Nachbereitung (N)?

b) Sprechen und schreiben Sie je zwei Sätze mit *nachdem*, *während* und *bevor*.

Beispiele: Nachdem die Tagesordnung aufgestellt ist, muss man auf den Zeitplan achten.
Während die Teilnehmer begrüßt werden, soll man Störungen vermeiden.
Bevor man die Ergebnisse aufschreibt, lässt man alle zu Wort kommen.

M Simsalabim. Schwere Texte werden leicht.

a) Lesen Sie nur die markierten Teile. Ordnen Sie sie den Punkten 1–4 zu:

1 Erfahrungsbericht über

   das Planungssystem Planitos

2 Diskussion über

3 Probleme mit der

4 Entscheidung für Planitos bedeutet

b) Fassen Sie den Text schriftlich zusammen. Benutzen Sie die Stichpunkte zu 1–4.

Gleich zu Beginn der Gesprächsrunde ergriff Frau Rangelow das Wort und berichtete über ihre Erfahrungen mit dem Planungssystem Planitos, das den meisten in der Runde neu war. Es entspann sich eine lebhafte Diskussion über die Frage: Welche Software unterstützt das Programm und welche Hardware ist erforderlich? In der Tat gibt es Darstellungsprobleme, denn zahlreiche Features des neuen Systems sind nicht kompatibel mit der älteren Hardware. Die Entscheidung für Planitos beinhaltet notwendigerweise auch Investitionsüberlegungen in einer Größenordnung von alles in allem rund hunderttausend Euro.

Lösungen statt Probleme

Ständig Fahrräder zu verkaufen.
Vorbeikommen, ansehen, mitnehmen!
Gebraucht, guter Zustand, ab 50 €. Gern
auch verhandelbar. Tel. 0178/7996070

Trekkingbike Caver Atlanta
schwarz/silber, Aluminiumrahmen,
27-Gang-Schaltwerk Shimano Deore XT,
Radgr. 28 Zoll, Rahmenhöhe 55 cm,
Schwalbe-Marathon-Bereifung, Hohl-
kammerfelgen, Magura-Hydraulik-
bremsen. Tel. 0173 / 5979901 nach
18.00 Uhr

Kettler Daxi 28-Zoll-Fahrrad mit
55-cm-Rahmen, 7-Gang-Nabenschal-
tung und Rücktrittbremse, sehr wenig
gefahren, Top-Zustand. 199 € VHB.
Tel. 06708/889862, abends.

Waren:
Lebensmittel
Bekleidung
Elektroartikel
Büromaterial
Bücher
Toilettenartikel

Dienstleistungen:
Unterricht
Fahrkarten
Hotelübernachtung
Miete
Restaurant

Zahlungsarten:
die Barzahlung
die Kreditkarte
das Internet-Banking
per Nachnahme
die Überweisung
die Lastschrift:
• die Abbuchungsermächtigung
• die Einzugsermächtigung
die Ratenzahlung

Schaltung — Sattel — Gepäckträger

Beleuchtung → Rahmen

Schutzblech

Ständer

---

1   Ihre Zahlungsart

S. 52 A

a) Welche Zahlungsarten kennen und wenden Sie für welche Waren und Dienstleistungen an?

b) Teilnehmer 1, der eine bestimmte Zahlungsart
kennt, erklärt sie Teilnehmer 2, wenn der sie noch
nicht kennt. Teilnehmer 2 erklärt sie anderen.

*Tonio hat mir gerade erklärt, wie man
per Lastschrift zahlt. Das geht so: ...*

1.17   2   Knapp bei Kasse

S. 52 B

a) Lesen Sie die Fragen 1–9, hören Sie das Gespräch zwischen Gloria und Kuno und antworten Sie.
1 Wofür braucht Gloria ein Fahrrad?
2 Was muss ein Stadtrad haben und soll ein MTB nicht haben?
3 Wie viel kostet ein gutes Mountainbike?
4 Wie ist Glorias finanzielle Lage?
5 Wie viel kostet ein gebrauchtes Stadtrad?
6 Was heißt das: „Ich bin knapp bei Kasse."?
7 Ab wann ist Gloria voraussichtlich besser bei Kasse?
8 Über welche Zahlungsarten sprechen Gloria und Kuno?

S. 52 C 9 Welche Unterschiede bestehen zwischen einem Stadtrad und einem MTB?

b) Welche der Zahlungsarten A–F kommt für Gloria infrage?

A Die Banküberweisung
Einfach und kostenlos. Sie überweisen den Betrag. Nachdem das Geld eingegangen ist, bearbeitet fahrrad.de Ihre Bestellung.

B „3 Raten – keine Zinsen"
Sie geben Ihre Kreditkartendaten an. Die erste Rate wird mit dem Versand der Ware abgebucht, die zweite Rate 30 Tage später und nach 60 Tagen die dritte Rate.

C Die Lastschrift
Bequem und sicher: Sie geben Ihre Bank und die Kontodaten an. Wir buchen den Betrag zeitgleich und gebührenfrei mit dem Versand der Ware ab.

D Die Nachnahme
Sie zahlen den Rechnungsbetrag dem Paketzusteller an der Haustür in bar. Die Nachnahmegebühr beträgt € 9,00.

E Zahlung 6 Monate nach dem Versand
Sie geben Ihre Bank und die Kontodaten an. Wir prüfen Ihre Zahlungsfähigkeit und buchen 6 Monate nach dem Versandtag den Rechnungsbetrag von Ihrem Konto ab. Das kostet Sie nur 3,2% Zinsen.

F Ratenzahlung
Sie bestellen die Ware über die Fina Consumer Bank (FCB) und vereinbaren mit der FCB die Laufzeit und die Konditionen. Der effektive Zins bei 12-monatiger Laufzeit beträgt aktuell 9,96%.

---

3 **Wäre das was für Gloria?**

a) Welche von Glorias Wünschen erfüllt das Fahrrad auf der Abbildung rechts? Welche erfüllt es nicht?

b) Inwieweit passt die angebotene Zahlungsart zu Glorias finanziellen Möglichkeiten?

c) Welche Anforderungen von Kuno erfüllt das Fahrrad?

d) Wenn Sie sich mit Fahrrädern etwas auskennen, dann zeigen Sie Ihrem Partner ein paar Teile, die Sie in der Abbildung sehen.

- Scheibenbremse
- Schalthebel
- Sattel
- Federgabel
- Mantel
- Ventil
- Lenker
- Bremskabel

Alu-MTB
26 oder 28 Zoll
Alu-V-Bremse hinten
Federgabel
Gelsattel
Aluminium-Rahmen
21-Gang-Schaltwerk
Scheibenbremse vorne
329,–
198,–
0% 12 Raten à 16,50

Siehst du, das ist die Federgabel.

Schau mal, hier ist der Sportsattel, und das ...

---

4 **Ich würde mir gern ...**

Ihr Partner oder Ihre Partnerin ist im Moment nicht gut bei Kasse und möchte sich deshalb keinen neuen, sondern einen gebrauchten Fernseher / ein gebrauchtes HiFi-Gerät / eine gebrauchte Waschmaschine / ... kaufen. Beraten Sie ihn/sie mit guten Argumenten.

● *Ich würde mir gern einen Fernseher kaufen. Aber ich bin im Moment knapp bei Kasse. Hast du einen Tipp?*
▲ *Dann kommt Barzahlung nicht infrage. Vielleicht kaufst du das Gerät auf Raten.*

● *Das würde ich mir gern kaufen. Aber ich habe nicht genug Geld dabei.*
▲ *Hast du keine Kreditkarte? Ich kann dir aber auch hundert Euro leihen.*

Gr. S. 51, 3

Verkauf

| Auftragsbüro | Verkauf | Marketing/ Werbung |

Lager/Versand

Problem
Das ist zu teuer. →
Die Qualität ist nicht in Ordnung. →
Ihre Lieferung kam zu spät. →
Die Lieferung war falsch. →

Lösung
Vielen Dank für diese klaren Worte.
Ich schlage vor, wir halten erst einmal fest, was gut ist.
Danach sprechen wir über das, was nicht so gut ist.
Wir finden bestimmt eine Lösung.
Sollen wir es so machen?

5   **Aus „negativ" mach „positiv".**

Sprechen Sie wie im Beispiel mithilfe der Stichwörter:

	● Das ist zu teuer.	● Die Qualität ist nicht in Ordnung.	● Die Lieferung kam zu spät.	● Die Lieferung war falsch.
Dank	▲ Vielen Dank für diese klaren Worte. Ich bin sicher, wir finden eine Lösung. Ich habe den Eindruck, dass ...			
3 positive Gesichtspunkte	*die Qualität in Ordnung ist und dass wir pünktlich und richtig liefern.*	*der Preis in Ordnung ist und dass wir pünktlich und richtig liefern.*	*die Qualität und der Preis in Ordnung sind und dass wir richtig liefern.*	*die Qualität und der Preis in Ordnung sind und dass wir pünktlich liefern.*
Einverständnis	▲ Ich meine, in diesen Punkten sind wir uns einig, nicht wahr? ● Ja, da sind wir uns einig.			
Schwerpunkt Bitte um Vorschlag	▲ Das freut mich. Dann können wir uns ja ganz auf Ihren Einwand konzentrieren. Welche Lösung schlagen Sie denn vor? Ich möchte, dass Sie zufrieden sind.			

S. 54 H

Gr. S. 51, 1

1,18   **6**   **Zurück zu unserem Thema**

S. 54 I

a) Hören Sie das Gespräch. Tragen Sie R (Richtig) oder F (Falsch) ein.

1   Frau Zabel sagt, dass die Anlagen nicht so gut sind, wie sie aussehen.
2   Frau Zabel sagt, sie muss ihren Chef fragen, bevor sie etwas verbindlich bestellt.
3   Frau Zabel will nicht nur einmal, sondern in Zukunft regelmäßig bei Herrn Doelle kaufen.
4   Herr Doelle sagt, dass seine Firma jederzeit lieferfähig ist.
5   Herr Doelle findet die Bestellmenge von Frau Zabel ziemlich klein.
6   Herr Doelle hat versäumt, Frau Zabel die aktuelle Preisliste zu schicken.
7   Herr Doelle ist froh, dass Frau Zabel seine Geräte noch einmal getestet hat.
8   Herr Doelle ist optimistisch, dass er mit Frau Zabel eine Lösung findet.

b) Welchen Einwand äußert Frau Zabel? Welche positiven Punkte bringt Herr Doelle ins Spiel?

c) Welche von den Gesprächsregeln beachtet Herr Doelle? Mit welchen Äußerungen tut er das?

| Zeigen Sie, dass Sie die Kritik Ihres Partners verstanden haben und ernst nehmen. | Machen Sie das Positive deutlich sichtbar. | Fragen Sie nach den Erwartungen und Lösungsvorschlägen. |

Herr Doelle sagt, dass er das alles sehr ernst nimmt. Damit beachtet er die Regel 1.

S. 54 J *Herr Doelle sagt, dass er froh ist, dass Frau Zabel heute und in Zukunft bei ihm kaufen will.*

7 **Machen Sie Lösungsvorschläge. Überzeugen Sie Frau Zabel.**

Herrn Doelles Argumente	Frau Zabels Gegenargumente
Wir verlängern die Garantie auf zwei Jahre.	Nicht nötig. Die Tests waren ja gut.
Ich verlängere das Zahlungsziel um sechs Wochen auf drei Monate.	Zahlen können wir gleich.
Auf Wunsch nehmen wir jederzeit pro Jahr bis zu 100 Einheiten zurück.	Warum soll ich sie dann kaufen?
Wir liefern frei Haus.	Wir können die Geräte selbst abholen.
Bestellen Sie doch einfach jetzt schon für das ganze Kalenderjahr zu 5% Rabatt!	So viele brauchen wir vielleicht gar nicht.
Wir veröffentlichen Ihren Test in einer Fachzeitschrift.	Davon haben Sie etwas, aber wir nicht.

Arbeiten Sie zu zweit wie im Beispiel.

● *Frau Zabel, ein Angebot: Wir verlängern die Garantie um ein Jahr. Was sagen Sie jetzt?*
▲ *Das ist nicht nötig, Herr Doelle. Die Tests waren ja gut.*
● *Und wenn wir frei Haus liefern? Das ist doch was.*
▲ *Wir können die Lieferung selbst abholen.*
● *Ich habe eine Idee: Auf Wunsch nehmen wir jederzeit pro Jahr bis zu 100 Einheiten zurück.*
▲ *Also gut, Herr Doelle, unter dieser Bedingung machen wir das Geschäft.*

8 **Bieten Sie Lösungen an.**

S. 55 K **a)** Sehen Sie sich die drei Aufgaben an. Entscheiden Sie sich für eine. Arbeiten Sie zu zweit. Der eine spielt den Vorgesetzten, der andere den Mitarbeiter.

Ihre Aufgabe	Ihr Angebot	Forderung	Ihre Argumente
• eine Laboranalyse durchführen • einen Prospekt übersetzen • den Gruppenraum reinigen und aufräumen	wie viel Zeit: 4 Std. wann fertig: 18.00 Uhr Sachkosten: € 50,00	3 Stunden 16.00 Uhr € 30,00	Qualität zu wenig, zu kurz, zu früh Fehlerrisiko Ihre Arbeitserfahrung

Suchen Sie einen Kompromiss zwischen Ihrem Angebot und der Forderung des Vorgesetzten.
Zum Beispiel so:

Vorgesetzter: *Erledigung bis um 18.00 Uhr und fünfzig Euro Sachkosten, das ist okay. Aber vier Stunden sind zu viel. Drei sind mehr als genug.*

Mitarbeiter: *Wir wollen doch beide gute Qualität. Und beide wollen wir Fehler vermeiden. Da sind wir uns sicher einig. Oder?*

Vorgesetzter: *Ja, natürlich.*

Mitarbeiter: *Ich würde Ihnen gern entgegenkommen. Ich könnte zum Beispiel schon um 16.00 Uhr abgeben. Und vielleicht brauchen wir auch die Sachkosten nicht.*

 b) Wenn Sie neugierig sind, welche Lösung Herr Doelle und Frau Zabel gefunden haben, dann hören Sie sich die Fortsetzung ihres Gesprächs an.

1, 19
S. 55 L

9   Verkaufen ist Psychologie.

Man muss nämlich wissen:

1. Der Mensch denkt relativ.

Wenn ein Stuhl € 100,00 kostet und € 5,00 billiger oder teurer wird, dann finden wir den Preisunterschied gering. Wenn ein anderer Stuhl € 20,00 kostet und auch € 5,00 billiger oder teurer wird, dann finden wir den Unterschied groß. Ein Beispiel aus der Praxis: Vier Filialen eines Möbelmarktes bieten Stühle des Modells Bella zu € 20,00 pro Stück an. In allen vier Filialen gehen die Stühle schlecht. Die vier Filialleiter wenden folgende Strategien an:
Filiale A bietet die Stühle zu € 15,00 an und erzielt einen Minder-erlös von € 5,00 pro Stück.
Filiale B bietet zwei Stühle zu € 35,00 an und erzielt einen Minder-erlös von € 2,50 pro Stück.
Filiale C erhöht den Preis für einen Stuhl auf € 30,00 und bietet zwei zu € 45,00 an. Filiale C erzielt einen Mehrerlös von € 2,50 pro Stuhl.
Filiale D stellt einen deutlich schlechteren Stuhl Modell Star neben Modell Bella und bietet Star zu € 18,00 und Bella zu € 25,00 an. Filiale D erzielt dadurch einen Mehrerlös von € 5,00 pro Stuhl.

Die Grafik zeigt: Wenn der Verkaufspreis insgesamt am höchsten ist, ist die Verkaufsmenge am höchsten und der Mehrerlös auch.

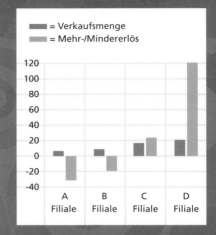

In welcher Filiale ist das der Fall?
Zeigen Sie das mithilfe der Grafik.
Das Gegenteil ist leider auch richtig.
Zeigen Sie das mithilfe der Grafik.

2. Der Mensch entscheidet mit den Augen.

Zwei Leute gehen in ein Restaurant und bestellen. Da sagt der eine: „Hier gibt es Tomatensuppe zu € 2,80. Du isst doch so gern Tomatensuppe." Der andere sagt: „Ja, stimmt. Zeig mal, wo das in der Karte steht." „Da steht Tomatensuppe € 2,80. Mehr steht da nicht. Willst du eine oder nicht?" „Ich will mir das mal in der Karte ansehen." „Wozu denn? Glaubst du mir nicht?" „Doch, aber zeig mir jetzt endlich die Karte." „Also gut, wenn du unbedingt willst." „Ja, die bestelle ich mir."

10   Kauf 2 und spar dabei! Kauf 3 und spar dabei!!

S. 55 M

Kennen Sie Leute wie Emma und Egon? Sind Egon und Emma vielleicht auch als Hedge-Fonds-Manager geeignet?

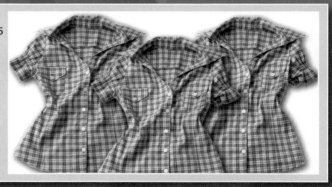

Bluse Gr. 36–46

Kauf 3 und spar dabei

1 Bluse   € 40,20
2 Blusen € 69,95
3 Blusen € 89,95

11   Lassen Sie Ihr Sprachgefühl entscheiden!

Gr. S. 51, 2

Zwei Antworten sind möglich. Welche? Zwei gehen nicht. Welche? Welche finden Sie am besten?

1 Ich wünsche dir viel Glück.	2 Ich wünsche dir Erfolg.	3 Ich hole dir den Text.
A Das wünsche ich dir auch.	A Ich wünsche dir auch welchen.	A Ich hole dir auch einen.
B Ich wünsche dir auch eins.	B Das wünsche ich dir auch.	B Ich hole dir auch welchen.
C Ich wünsche dir auch welches.	C Erfolg wünsche dir auch.	C Ich hole dir auch einen Text.
D Ich wünsche dir auch viel Glück.	D Ich wünsche dir auch.	D Den hole ich dir auch.

1 Infinitivsatz: *versäumen*

Tina hat den Sportunterricht versäumt.
Tina hat versäumt, zum Sportunterricht **zu gehen**.
Tina hat versäumt, zum Unterricht **zu kommen**.
Tina hat gestern versäumt, zusammen mit Karin am Sportunterricht **teilzunehmen**.

2 *ein__, kein__, jed__, welch__, dies__*

Singular	Mask.	Nom.	__er	einer	keiner	jeder	welcher	dieser
	Neutr.		__(e)s	eins	keins	jedes	welches	dieses
	Fem.		__e	eine	keine	jede	welche	diese
Plural			__e	welche	keine	alle	welche	diese
Singular	Mask.	Akk.	__en	einen	keinen	jeden	welchen	diesen
	Neutr.		__(e)s	eins	keins	jedes	welches	dieses
	Fem.		__e	eine	keine	jede	welche	diese
Plural			__e	welche	keine	alle	welche	diese

- *Welcher Text ist der beste?*
▲ *Keiner. Die sind alle gleich gut.*
- *Aber einer ist immer etwas besser oder schlechter.*
▲ *Ja, dieser vielleicht. Aber jeder ist gut.*

- *Welches Bild ist das beste?*
▲ *Keins. Die sind alle gleich gut.*
- *Aber eins ist immer etwas besser oder schlechter.*
▲ *Ja, dieses vielleicht. Aber jedes ist gut.*

- *Welche Kamera ist die beste?*
▲ *Keine. Die sind alle gleich gut.*
- *Aber eine ist immer etwas besser oder schlechter.*
▲ *Ja, diese vielleicht. Aber jede ist gut.*

- *Welchen Text nimmst du?*
▲ *Keinen. Die sind alle gleich schlecht.*
- *Aber einen musst du nehmen.*
▲ *Ja, diesen vielleicht. Aber dann könnte ich ja jeden nehmen.*

3 Personalpronomen und *sich* im Dativ

mir	- Nimm **dir** einen Text.	- Sollen wir **ihm/ihr** eine Liste geben?
dir	▲ Ja, soll ich **mir** wirklich einen nehmen?	▲ Er/Sie kann **sich** selbst eine holen.
sich	- Soll ich **euch** Papier holen?	- Holt ihr **euch** keine Listen?
uns	▲ Nicht nötig, wir holen **uns** selbst welches.	▲ Nein, wir haben **uns** schon welche geholt.
euch	- Er kauft **sich** nichts, aber sie kauft **sich** etwas.	- Was wünschen Sie **sich**?
sich	▲ Ich kaufe **mir** auch etwas.	▲ Ich wünsche **mir** Erfolg.

Wichtige Wörter und Wendungen

sich einig sein, dass ... / sich konzentrieren auf ... / sich entscheiden für ... / sich entschließen zu ...

Wir sind uns (darin) einig, dass die Lieferung heute noch raus muss.
Wir sind uns mit allen anderen (darin) einig, die Lieferung heute noch abzuschicken.
Wir konzentrieren uns auf das EDV-Projekt. Darin sind wir uns einig.

bis Also, **bis** morgen!
Um zehn Uhr geht es los. **Bis** dahin ist noch viel Zeit.
Zwanzig **bis** dreißig Leute kommen bestimmt.
Bis nach Berlin sind es von hier 67 Kilometer.

		Verb 2	Verb 1	
Bis	wir mit der Arbeit fertig		sind,	
Bis	wir mit der Arbeit		an fangen,	dauert es noch ein paar Stunden.
Bis	wir die Arbeit	abgeben	müssen,	

		bis	...	Verb 2	Verb 1
Es dauert noch ein paar Stunden,		**bis**	wir mit der Arbeit	anfangen	können.

A   Waren, Dienstleistungen und Eigenleistungen

Bekommt man eine Ware (W), eine Dienstleistung (D) oder muss man „in Eigenleistung" (E) selbst etwas tun, wenn man 1–15 macht? Tragen Sie die Buchstaben W und/oder D und/oder E ein.

1 die Miete zahlt D	6 Getränke holt	11 ein Auto mietet
2 umzieht	7 ein Paar Schuhe kauft	12 eine Eintrittskarte kauft
3 ein Zimmer bucht	8 zu Hause aufräumt	13 nach Köln fährt
4 ein Auto kauft	9 2 kg Kartoffeln kauft	14 im Restaurant isst
5 tanzen geht	10 singt	15 ein Gerät bar bezahlt

B   Die Ausstattung eines Stadtrads und eines Mountainbikes

a) Tragen Sie die Ziffern ein.

1 Sattel
~~2 Lenker~~
3 Beleuchtung
4 Schaltung
5 Gepäckträger
6 Ständer
7 Schutzblech
8 Mantel, Schlauch
9 Pedal
10 Kabel
11 Luftpumpe
12 Bremsen

b) Vergleichen Sie Stadtrad und Mountainbike.

Das Stadtrad hat einen Gepäckträger. Das MTB hat keinen Gepäckträger. Im Unterschied zum Stadtrad hat das MTB keinen Gepäckträger. Das Mountainbike hat Bremsen. Das Stadtrad hat auch Bremsen.

C   So war es früher. So ist es im Augenblick. So wird es in Zukunft.

Setzen Sie ein: Bevor | bis | Seit | Solange | während | wenn | wenn

_____ ich den Übersetzungsjob hatte, war ich immer knapp bei Kasse. _____ ich diesen Job habe, geht es mir finanziell besser. Aber das neue Fahrrad kaufe ich mir nur, _____ ich das Geld für die Übersetzungen auch wirklich habe. Es kann noch ein paar Wochen dauern, _____ der Auftraggeber bezahlt. _____ ich das Geld nicht habe, bin ich knapp bei Kasse. Die Übersetzungen kann ich meistens machen, _____ ich zur Arbeit fahre, aber natürlich nur, _____ ich im Zug einen Sitzplatz bekomme.

D   Aussprache

AB 19-21

Ein Fahrradfahrer im Verkehr,
Wenn falsch er fährt, verfährt sich der.
Hat er sich etwa schon verfahren?
Dann muss er länger Fahrrad fahren.

langsam und deutlich
→ *schneller werden*
→ flüssig und deutlich

E   Romuald Mansinga macht eine Überweisung.

Füllen Sie das Überweisungsformular aus. Das können Sie auch online machen: https://secure.
deutsche-bank.de/pbc/trxmdemokonto

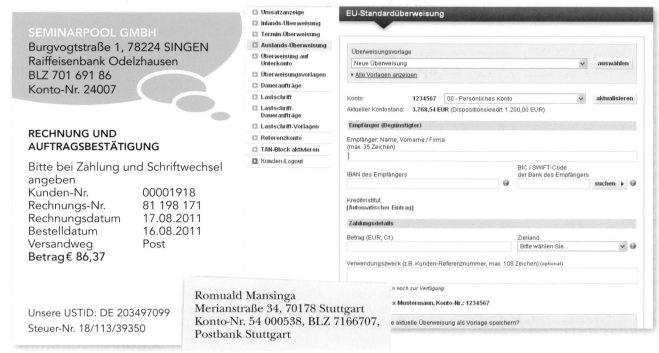

SEMINARPOOL GMBH
Burgvogtstraße 1, 78224 SINGEN
Raiffeisenbank Odelzhausen
BLZ 701 691 86
Konto-Nr. 24007

**RECHNUNG UND
AUFTRAGSBESTÄTIGUNG**

Bitte bei Zahlung und Schriftwechsel
angeben
Kunden-Nr.   00001918
Rechnungs-Nr.   81 198 171
Rechnungsdatum   17.08.2011
Bestelldatum   16.08.2011
Versandweg   Post
Betrag € 86,37

Unsere USTID: DE 203497099
Steuer-Nr. 18/113/39350

Romuald Mansinga
Merianstraße 34, 70178 Stuttgart
Konto-Nr. 54 000538, BLZ 7166707,
Postbank Stuttgart

F   Hören und sprechen

a) ● *Ich kann euch gern einen Fernseher kaufen.*
   ▲ *Ja, kauf uns einen.*
b) ● *Ich kaufe mir einen Fernseher.*
   ▲ *Ich kaufe mir auch einen.*

G   Ein platter Reifen wird geflickt.

das Fahrrad „auf den Kopf" stellen | das Ventil
herausmachen | den Mantel heruntermachen |
den Schlauch herausmachen | das Loch suchen
und (hoffentlich) finden | die Stelle um das
Loch sauber machen | Klebstoff draufmachen
und trocknen lassen | den Flicken fest drauf-
machen | Schlauch und Mantel wieder drauf-
machen | das Ventil suchen, (hoffentlich) fin-
den und hineinmachen | Luft in den Schlauch
machen

a) „Normalverbraucher" schreiben und sprechen so:

Ich stelle das Fahrrad auf den Kopf. Dann mache ich das Ventil heraus. Dann …

b) Sprachliche und technische „Spezialisten" machen es eventuell schon so:

das Fahrrad im Montageständer befestigt | das Ventil herausgedreht | der Mantel abgehoben |
der Schlauch herausgezogen | die schadhafte Stelle gesucht und gesäubert | Klebstoff
aufgetragen und trocknen gelassen | der Flicken aufgedrückt, bis er fest sitzt | Schlauch und
Mantel wieder aufmontiert | das Ventil hineingeschraubt | der Reifen aufgepumpt

*Das Fahrrad wird im Montageständer befestigt. Wenn das Fahrrad im Montageständer
befestigt ist, wird das Ventil herausgedreht. Nachdem …*

H **Setzen Sie ein.**

Trotz | Wegen | Während | Mithilfe | mithilfe

Die Übersetzung habe ich _____ eines technischen Wörterbuches gemacht. Ich

hatte eine Liste von Verboten. _____ dieser Verbote habe ich die Arbeitsregeln

formuliert. _____ der Übersetzungsarbeit kam es zu vielen Unterbrechungen.

_____ der Unterbrechungen waren meine Arbeitsbedingungen insgesamt recht gut.

_____ der guten Arbeitsbedingungen wurde die Übersetzung rechtzeitig fertig.

I **Was ist Ihnen lieber?**

Was finden Sie gut? Was ist Ihnen noch lieber? Vielleicht schreiben Sie auch ein paar Sätze.

Finden Sie es gut, wenn jemand ...	besser aussieht, als er ist?	mehr weiß, als er sagt?
	besser ist, als er aussieht?	mehr sagt, als er weiß?
	schlechter ist, als er aussieht?	weniger sagt, als er weiß?
	schlechter aussieht, als er ist?	alles sagt, was er weiß?
	so gut aussieht, wie er ist?	so viel weiß, wie er sagt?
	so schlecht aussieht, wie er ist?	so wenig weiß, wie er sagt?

Ich finde es gut, wenn jemand so schnell spricht, wie er denkt.	schneller denkt, als er spricht?	länger redet, als er zuhört?
	schneller spricht, als er denkt?	länger zuhört, als er redet?
	langsamer denkt, als er spricht?	nicht so lange redet, wie er zuhört?
	langsamer spricht, als er denkt?	nicht so lange zuhört, wie er redet?
	so schnell spricht, wie er denkt?	so lange redet, wie er zuhört?
	so langsam denkt, wie er spricht?	so lange zuhört, wie er redet?

J **Der Unfall und der Fehlbetrag**

Lesen Sie **zuerst** die beiden Texte und beginnen Sie **erst dann** mit dem Schreiben.

Der Unfall von Frau Carius geht mir nicht aus dem Kopf. Der Arzt hat sie auf den Kopf gestellt. Aber er hat nichts gefunden. Wir haben schon genug Schwierigkeiten am Hals. Durch den Ausfall von Frau Carius liegt es auf der Hand, dass die noch größer werden. Für so etwas habe ich eine gute Nase. Uns allen drücke ich die Daumen, dass Frau Carius bald wieder in Ordnung kommt.

Ich muss dauernd an den Unfall _____

_____

_____

_____

_____

_____

_____

Der Fehlbetrag in _____

_____

_____

_____

_____

_____

_____

Ich muss dauernd an den Fehlbetrag in der Kasse denken. Unsere kaufmännische Abteilung hat die ganze Zahlungsabwicklung gründlich untersucht. Aber sie hat nichts gefunden. Wir haben schon genug Probleme. Es ist klar, dass diese durch den Fehlbetrag noch größer werden. Das habe ich im Gefühl. Ich wünsche uns allen, dass die Zahlungsabwicklung bald wieder auf die Beine kommt.

K   **Das ist noch nicht erledigt, aber es wird erledigt.**

A Schreibblöcke auf die Plätze verteilen | B den Begrüßungskaffee servieren |
C den Gruppenraum aufräumen | D die Vereinbarungen schriftlich bestätigen |
E die Gäste abholen | F die Nachbesprechung durchführen | G einen Tagungsraum reservieren |
H die Lautsprecheranlage testen | I Getränke servieren | J die Tagesordnung aufstellen |
K die Ergebnisse aufschreiben | L ein Flipchart aufstellen

Schreiben Sie ein paar Sätze nach Ihrer Wahl wie im Beispiel.

Die Schreibblöcke sind noch nicht auf die Plätze verteilt, aber sie werden auf die Plätze verteilt.

L   **Das passende Wort**   Lösung | Entscheidung | Kompromiss | Entfernung | Übersetzung |
Entwicklung | Umzug | Unterschied | Beziehung

Die _____ zwischen zwei Städten gibt man in Kilometer an.

Zwischen dem Kunden und dem Lieferanten besteht eine _____.

Zwischen zwei unterschiedlichen Preisvorstellungen muss man einen _____ finden.

Die berufliche Karriere ist eine _____ von unten nach oben.

Wenn zwei Vorschläge auf dem Tisch liegen, muss man eine _____ treffen.

Von einer Sprache in die andere macht man eine _____.

Von einer Wohnung in die andere macht man einen _____.

Wir müssen eine _____ anbieten und dürfen nicht beim Problem stehen bleiben.

Zwischen Theorie und Praxis besteht ein großer _____.

M   **Simsalabim. Schwere Texte werden leicht.**

Lesen Sie zunächst nur die markierten Teile des Textes.

a) Schreiben Sie in die Lücken.

1 Das Wort Kreditkarte ist eine

_____.

2 Das Wort Kreditkarte bedeutet in den
deutschsprachigen Ländern so viel wie

_____.

3 Bei credit cards zahlt man erst am

_____.

4 Bei der Kreditkarte werden die Beträge

_____ abgebucht.

5 Die Kreditkarte ist als Zahlungsmittel

_____.

6 Immer mehr Leute haben und benutzen

_____.

b) Fassen Sie den Text mithilfe der Punkte
1–6 in einfachen Worten zusammen.

Das Wort Kreditkarte ist eine Übersetzung des
angloamerikanischen Wortes credit card. Im deutschsprachigen Raum hat es aber eine viel allgemeinere
Bedeutung angenommen als im Englischen und bedeutet
heutzutage so viel wie Zahlungsmittel aus Plastik
(„Plastikgeld"). Die in englischsprachigen Ländern weit-
verbreiteten credit cards sind echte Kreditkarten, das
heißt: Die mit der credit card bezahlten Waren und
Dienstleistungen werden am jeweiligen Monatsende dem
Konto belastet und damit bezahlt. Der Kreditkarten-
besitzer hat also bis zu einen Monat „Kredit".
In deutschsprachigen Ländern ist die Kreditkarte nach
dem Bargeld das am weitesten verbreitete Zahlungsmittel
und steht in der Gunst der Kartenzahler an erster Stelle.
Das Girokonto des Karteninhabers wird in der Regel von
Tag zu Tag belastet.
Bei der Kreditkarte handelt es sich also nicht um die
klassische angloamerikanische *credit card* im ursprünglichen Sinn. Diese ist aber seit einigen Jahren in den
deutschsprachigen Ländern stark im Kommen und wird
immer beliebter.

Das schicken wir per Express.

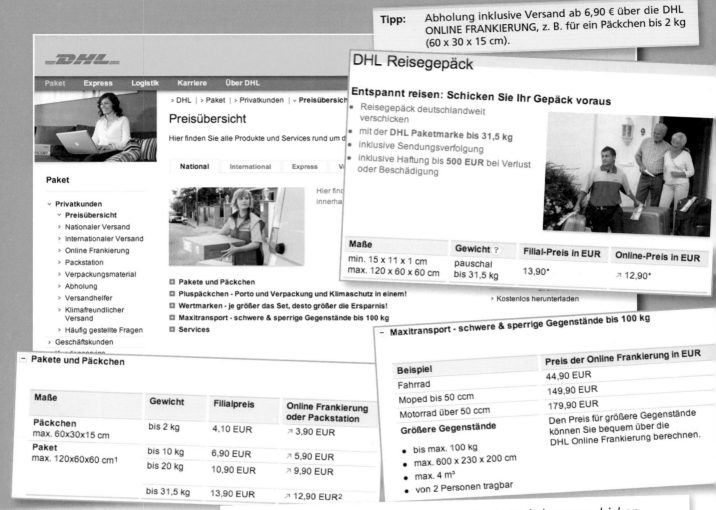

Tipp: Abholung inklusive Versand ab 6,90 € über die DHL ONLINE FRANKIERUNG, z. B. für ein Päckchen bis 2 kg (60 x 30 x 15 cm).

DHL Reisegepäck

Entspannt reisen: Schicken Sie Ihr Gepäck voraus

- Reisegepäck deutschlandweit verschicken
- mit der **DHL Paketmarke bis 31,5 kg**
- inklusive Sendungsverfolgung
- inklusive Haftung bis **500 EUR** bei Verlust oder Beschädigung

Maße	Gewicht ?	Filial-Preis in EUR	Online-Preis in EUR
min. 15 x 11 x 1 cm max. 120 x 60 x 60 cm	pauschal bis 31,5 kg	13,90*	↗ 12,90*

> Kostenlos herunterladen

DHL

Paket Express Logistik Karriere Über DHL

> DHL | > Paket | > Privatkunden | ˅ Preisübersich

Preisübersicht

Hier finden Sie alle Produkte und Services rund um d

National International Express V

Paket

˅ Privatkunden
  ˅ Preisübersicht
  > Nationaler Versand
  > Internationaler Versand
  > Online Frankierung
  > Packstation
  > Verpackungsmaterial
  > Abholung
  > Versandhelfer
  > Klimafreundlicher Versand
  > Häufig gestellte Fragen
> Geschäftskunden

Hier fin
innerha

⊞ Pakete und Päckchen
⊞ Pluspäckchen - Porto und Verpackung und Klimaschutz in einem!
⊞ Wertmarken - je größer das Set, desto größer die Ersparnis!
⊞ Maxitransport - schwere & sperrige Gegenstände bis 100 kg
⊞ Services

− Maxitransport - schwere & sperrige Gegenstände bis 100 kg

Beispiel	Preis der Online Frankierung in EUR
Fahrrad	44,90 EUR
Moped bis 50 ccm	149,90 EUR
Motorrad über 50 ccm	179,90 EUR

Größere Gegenstände

- bis max. 100 kg
- max. 600 x 230 x 200 cm
- max. 4 m³
- von 2 Personen tragbar

Den Preis für größere Gegenstände können Sie bequem über die DHL Online Frankierung berechnen.

− Pakete und Päckchen

Maße	Gewicht	Filialpreis	Online Frankierung oder Packstation
Päckchen max. 60x30x15 cm	bis 2 kg	4,10 EUR	↗ 3,90 EUR
Paket max. 120x60x60 cm1	bis 10 kg	6,90 EUR	↗ 5,90 EUR
	bis 20 kg	10,90 EUR	↗ 9,90 EUR
	bis 31,5 kg	13,90 EUR	↗ 12,90 EUR2

> *Das Buch an unseren Neffen können wir als Päckchen verschicken. Es ist nicht größer als 60 mal 30 mal 15 cm und wiegt weniger als zwei Kilogramm. Wir bringen es zur Postfiliale. Das Porto beträgt 4,10 Euro.*

1 Wie machen Sie das?

S. 62 A
S. 62 B

Gruppenarbeit: Wie versenden Sie die Sachen? Was kostet das?

1 Sie wollen Ihrem Neffen zum Geburtstag ein Buch schicken. Sie wohnen in Düsseldorf. Die Familie Ihres Bruders wohnt in Saarbrücken.
2 Sie haben in Hamburg ein Fahrrad für eine Tour nach Münster geliehen. Jetzt müssen Sie es nach Hamburg zurückschicken.
3 Sie fahren mit dem Zug in Urlaub. Ihren Koffer können Sie nicht selbst tragen.

2 Auf der Post

1, 21

S. 62 C
S. 62 D

a) Lesen Sie die Aufgabe, hören Sie den Dialog. Schreiben Sie die Wörter in die Lücken.

auf der | aufgeben | Porto | einwerfen | Post | frankieren

Helga muss zur _____. Sie möchte ein Päckchen _____, und sie soll einen

Brief _____. Den sollen die Leute _____ Post _____. Die wissen am

besten, wie hoch das _____ ist.

b) Was ist richtig? Kreuzen Sie A, B oder C an.

1 Das Päckchen wird A morgen B morgen nicht C morgen vielleicht zugestellt.
2 Helga schickt das Päckchen A per Express. B zum Normaltarif. C als Großbrief.
3 Für Expresssendungen zahlt man A einen geringen B keinen C einen hohen Zuschlag.
4 Der Brief wiegt A 20 Gramm. B 450 Gramm. C 50 Gramm.
5 Das Porto für den Brief kostet A € 3,40. B € 3,90. C € 1,45.
6 Helga wirft A nur den Brief B das Päckchen und den Brief C nichts ein.

c) Warum verlangt Helga eine Quittung für den Brief nach Prag?

3 Die Tarife der Deutschen Post

S. 63 E
S. 63 F

a) Beantworten Sie die Fragen. Benutzen Sie die Angaben rechts und auf Seite 56.

1 Wie viel kostet ein Standardbrief ins Ausland?
2 Wie hoch ist der Zuschlag, wenn Sie Ihr Päckchen nicht selbst zur Post bringen können?
3 Wie viel sparen Sie, wenn Sie Ihr Paket online frankieren?
4 Wie hoch ist das Porto für einen Kompaktbrief, wenn der Empfänger im Inland wohnt?

b) Bitten Sie um Auskunft und geben Sie Auskunft. Beispiel:

● Das Päckchen soll morgen noch ankommen.
▲ Wenn das Päckchen morgen ankommen soll, dann müssen Sie es per Express schicken.
● Ich glaube, diese Sendung wiegt weniger als 1000 Gramm. Kann ich die noch als Brief schicken?
▲ Wenn sie wirklich weniger ..., dann ... Aber wenn ...
● Kann man bei DHL einen Koffer aufgeben?
▲ Ja, wenn ...

Gr. S. 61, 1 u. 2

min. = Mindestmaße (Länge×Breite×Höhe)
max: = Höchstmaße

Höchstgewicht

DAS WICHTIGSTE RUND UM IHRE BRIEFE

Briefe		Deutschland	Europa[1]	Welt[1]
Postkarte	min. 14 x 9 cm max. 23,5 x 12,5 cm	0,45 €	0,65 €	1,00 €
Standardbrief	bis 20 g min. 14 x 9 cm max. 23,5 x 12,5 x 0,5 cm	0,55 €	0,70 €	1,70 €
Kompaktbrief Deutschland Europa / Welt	bis 50 g min. 10 x 7 cm max. 23,5 x 12,5 x 1 cm min. 14 x 9 cm max. 23,5 x 12,5 x 1 cm	0,90 €	1,25 €	2,20 €
Großbrief Deutschland Europa / Welt	bis 500 g min. 10 x 7 cm max. 35,3 x 25 x 2 cm min. 14 x 9 cm max. L + B + H = 90 cm keine Seite länger als 60 cm	1,45 €	3,40 €	6,00 €
Maxibrief Deutschland Europa / Welt	bis 1.000 g bis 2.000 g min. 10 x 7 cm max. 35,3 x 25 x 5 cm min. 14 x 9 cm max. L + B + H = 90 cm keine Seite länger als 60 cm	2,20 € [2]	6,00 € 14,00 €	12,00 € 24,00 €

4 Partnerarbeit: Am Postschalter

S. 63 G
S. 63 H
S. 63 I

Der Postkunde / Die Postkundin möchte	
● einen Brief	nach ... aufgeben.
● ein Päckchen	
● ein Paket	
● Reisegepäck	

Vermuten Sie: Sind die Tarife in Österreich / in der Schweiz

● höher als in Deutschland?
● niedriger als in Deutschland?
● genauso hoch wie in Deutschland?

Der/Die Postangestellte gibt Auskunft über

● Mindestmaße, Höchstmaße (Länge, Breite, Höhe)
● Höchstgewicht
● Expresszuschlag
● Inlands-/Auslandstarife
● Porto

Betrieb   Kaufmännischer Bereich

Verwaltung   Vertrieb

Auftragsbüro

Marketing

Lager / Versand

● Das Ersatzteil nach Spanien versenden wir als Bahnfracht.
▲ Das dauert zu lange. Das versenden wir auf dem Luftweg, sonst kommt es zu spät an.
■ Ich denke auch, wir sollten es mit der Bahn schicken, damit es nicht zu teuer wird.

5   Wie bringen wir das zum Kunden?

S. 64 J

Diskutieren Sie in Gruppen: Welcher Versand ist am besten, sichersten, schnellsten, preiswertesten? Es geht um

- ein dringend benötigtes Ersatzteil für eine Druckmaschine von Heidelberg nach Spanien.
- 20 000 Kartons Münchner Dosenbier nach Hamburg.
- Umzugsgut einer Familie von Berlin nach Boston/USA.
- 30 Deutsch-Lehrbücher für das Goethe-Institut São Paulo.
- 200 Turbinen von Basel nach Libyen.
- 300 Kilogramm frischen Seefisch von Island nach Hamburg.

auf dem Landweg?
auf dem Seeweg?
auf dem Luftweg?
als Luftfracht?
als Seefracht?
als Bahnfracht?
mit dem Lkw?
mit der Bahn?
mit dem Schiff?

6   Die Ware ist versandbereit.

 1, 22-28

S. 64 K
S. 64 L

Lesen Sie die Aufgabe. Hören Sie dann die Gespräche 1–7. Tragen Sie die passenden Nummern ein.

Welcher Schritt wird besprochen?		Wie verlaufen die Gespräche?	
Ware versandbereit		Die Mitarbeiterin ist nicht am Platz.	
Ware versandfertig machen	1	Der Mitarbeiter meldet sich persönlich.	
Spedition benachrichtigen		Die Spedititons-Mitarbeiterin ruft zurück.	
Versandauftrag erteilen		Der Mitarbeiter hinterlässt eine Nachricht.	
Versandpapiere übergabebereit		Der Anrufer erreicht seine Gesprächspartnerin.	
Ware transportbereit		Die Mitarbeiterin richtet dem Mitarbeiter etwas aus.	1
Ware verladen		Der Apparat der Kollegin ist besetzt.	7

7 Partnerarbeit: Baukasten für Telefonate

S. 64 M
S. 65 N
S. 65 O

● *Herr/Frau …*
ist nicht am Platz. / ist außer Haus.
spricht gerade.
Möchten Sie ihm/ihr eine Nachricht hinterlassen?
Kann ich ihm/ihr etwas ausrichten?
Soll er/sie zurückrufen?

▲ *Nein, ich rufe später noch mal an.*
Ja, bitte richten Sie ihm/ihr aus, er/sie soll …

> Anlagen in den Versand bringen | die Versandpapiere fertig machen | die Spedition benachrichtigen | die Kisten verladen | Anlagen versandfertig machen | …

damit
Liefertermin einhalten | keine Zeit verlieren | Kisten abgeholt werden | …

sonst
Liefertermin nicht einhalten | Zeit verlieren | Lieferung wird nicht abgeholt | …

● *Herr Zöllner ist nicht am Platz. Kann ich ihm etwas ausrichten?*
▲ *Ja, richten Sie ihm aus, er soll den Versand übernehmen,* | *damit wir den Termin einhalten.*
| *sonst halten wir den Termin nicht ein.*

Gr. S. 61, 3

8 Wie läuft das?

S. 65 P

```
                Ware ist versandbereit
          ┌──────────────┴──────────────┐
Ware versandfertig machen      Spedition benachrichtigen
          └──────────────┬──────────────┘
        der Spedition den Versandauftrag erteilen
          ┌──────────────┴──────────────┐
Versandpapiere bereitstellen    Ware zur Verladung bereitstellen
          └──────────────┬──────────────┘
                   Ware verladen
```

Fassen Sie den Ablauf des Versandauftrags zusammen und tragen Sie den Ablauf vor.

Wenn die Ware versandbereit ist, wird die Ware versandfertig gemacht. Das heißt, die Ware wird verpackt. Während die Ware versandfertig gemacht wird, benachrichtigt der Versand die Spedition und erteilt …, damit …

9 Ein Ablauf aus Ihrem Berufs- oder Studienalltag

S. 65 Q

a) Was wird als Erstes, als Nächstes, danach gemacht? Was kann man gleichzeitig machen? Wer muss das machen? Tragen Sie Stichpunkte in ein Ablaufdiagramm ein.

Zum Beispiel: Ware wird angeliefert

> genaue Lieferzeit erfragen → Lagerleiter informieren → Gabelstapler bereitstellen → Ware ausladen → Lieferschein überprüfen → Lieferung in die EDV eingeben → Ware ins Lager bringen

b) Tragen Sie Ihren Ablauf vor.

10   Kurze Unternehmensgeschichte

Schreiben Sie die fehlenden Wörter in die Lücken.

erledigt | Seeweg | Mitarbeiter | Firmenname |
Zentrale | Idee | Kunden | Rot und Gelb |
Niederlassung | tätig | eröffnet | Zustellung | Flugzeug | Paket-Service | gründet | Tochter

1969	Adrian Dalsey, Larry Hilblom und Robert Lynn gründen das Unternehmen in

1969   Adrian Dalsey, Larry Hilblom und Robert Lynn gründen das Unternehmen in
San Francisco. Daher der _____ DHL. Ihre Geschäfts-_____: Sie
fliegen mit Frachtpapieren von den USA nach Hawaii. Wenn dort die Fracht auf dem
_____ ankommt, sind die Zollformalitäten schon _____.
Damit ist eine neue Dienstleistung geboren: Die schnelle _____ von
Dokumenten mit dem _____.

1974   Schnell hat DHL seine Geschäftstätigkeit erweitert. Das Unternehmen ist Partner für
über 3000 _____ und beschäftigt 314 Angestellte. DHL _____ in
London die erste Europa-_____.

1977   DHL _____ sein erstes Deutschland-Büro in Frankfurt.

1979   DHL weitet seine Tätigkeit vom Dokumenten-Service auf den _____ aus.

1988   DHL ist in 170 Ländern _____ und beschäftigt 16.000 _____.

2002   DHL wird eine 100-prozentige _____ der Deutschen Post.

2003   _____ werden die Firmenfarben von DHL.

2006   DHL beschäftigt 285 000 Mitarbeiter.

2008   Die Europa-_____ von DHL zieht von Brüssel nach Dresden um.

11   Eine Postkarte aus dem Urlaub

Wer schreibt wem?

Welche Bedingungen mussten erfüllt sein, damit die Ansichtskarte rechtzeitig ankommt?

Hat es geklappt?

Liebe Silke, liebe Mama,
mit dieser Ansichtskarte wollen wir
Dich herzlich aus unserem Kurz-
urlaub in den Schweizer Alpen
grüßen. Hoffentlich geht es Dir auch
so gut wie uns hier in den Bergen.
Und hoffentlich finden wir hier
oben einen Briefkasten, in den wir
unseren Gruß einwerfen können.
Und eine Briefmarke haben wir
auch noch nicht. (Wir wollen doch
nicht zurück sein, bevor die Karte
ankommt…)

Helga Heinrich Hannes Susan Thomas

Frau Silke Theißen
Poststraße 12
D-57802 Godorf

 12   Ronny Flux, Fahrradkurier

• Welche Vorteile hat der Transport per Fahrradkurier?
• Fahrradkurier – ist das auch ein Job für Sie?

1 Verben mit trennbarer und nicht trennbarer Vorsilbe

auf.geben	hinterlassen
ein.werfen	entladen
an.kommen	erteilen
zu.stellen	erreichen
aus.richten	benachrichtigen
bereit.stellen	verladen

1		Verb 1	...	Verb 2
	Das	Richten richte	Sie das bitte Herrn Zett ich ihm	aus. aus.
	Herrn Zett	Können erreiche	Sie das auch Frau Jott ich aber jetzt nicht.	ausrichten?
	Ich	kann	ihn aber später	benachrichtigen.

2 Bedingung: *wenn*

1	Verb 1	...	Verb 2	wenn	...	Verb 2	Verb 1
Der Brief	kommt	morgen nur	an,	wenn	wir ihn bis zwölf	ein	werfen.
Das Paket	kommt	morgen nicht	an,	wenn	wir es nicht vor zwölf	ein	werfen.
Die Post	kommt	immer zu spät	an,	wenn	wir sie nicht bis zwölf	ein	werfen.

———————————— 1 ———————————— (dann)

Wenn	...	Verb 2	Verb 1	Verb 1	...	Verb 2
Wenn	wir den Brief nicht bis zwölf	ein	werfen,	kommt	er zu spät	an.
Nur wenn	wir den Brief bis zwölf	ein	werfen,	kommt	er morgen	an.
Immer wenn	wir unsere Post nach zwölf	ein	werfen,	kommt	sie nicht pünktlich	an.

Wenn der Brief schwerer als 20 Gramm **ist, dann kann** man ihn nicht mehr als Standardbrief **aufgeben.**
Man **kann** ihn als Kompaktbrief zum Preis von 90 Cent **verschicken, wenn** er nicht mehr als 50 Gramm
wiegt und **wenn** er die vorgeschriebenen Maße **einhält. Nur wenn** alle Bedingungen – Gewicht und
Maße – **eingehalten werden, gelten** die angegebenen Preise.

3 *damit, sonst*

	damit	...	Verb 2	Verb 1
Die Ware muss bis elf versandbereit sein,	damit	wir sie versandfertig	machen	können.

	sonst	Verb 1	...	Verb 2
Die Ware muss bis elf versandbereit sein,	sonst	können	wir sie nicht versandfertig	machen.

Das Paket muss morgen versandfertig sein, **damit** wir DHL **benachrichtigen können.**
Damit es morgen **abgeholt wird, benachrichtigen** wir DHL schon heute.
Es muss aber morgen versandfertig sein, **sonst können** wir den Versandauftrag nicht rechtzeitig **erteilen.**
Wir erteilen den Auftrag gleich morgen, **damit** das Paket spätestens übermorgen **verladen wird.**
Wir **müssen** den Auftrag spätestens morgen **erteilen, sonst** wird das Paket nicht pünktlich **abgeholt.**

Wichtige Wörter und Wendungen

als   Das wiegt nur 500 Gramm. Das können Sie noch **als** Brief schicken. (aber: **per** Express, **per** LKW)
     Herr Züblin arbeitet **als** Fahrer bei einem Kurierdienst.
     Wenn Sie das **als** Päckchen schicken wollen, darf es nicht mehr **als** zwei Kilogramm wiegen.

auf der Post, im Versand

ein Päckchen, einen Brief aufgeben
einen Brief einwerfen
einen Zuschlag zahlen
einen Auftrag erteilen
eine Auskunft geben
den Brief / die Lieferung zustellen

am Telefon

● *Herr/Frau … ist nicht am Platz / spricht gerade.*
Kann ich ihm/ihr etwas ausrichten?
Möchten Sie eine Nachricht hinterlassen?
Soll/Kann er/sie / Wollen Sie zurückrufen?

▲ *Bitte richten Sie ihm/ihr aus, dass …*
Können Sie mir die Durchwahl geben?
Ich rufe später noch mal an.

A DHL-Dienstleistungen

a) Welche Dienstleistung ist das? Das Porto beträgt: _____

Es darf nicht länger als 120 cm, nicht breiter als 60 cm und nicht höher als 60 cm sein. Es darf

nicht schwerer als 20 Kilo sein. Das ist das _____.

b) Schreiben Sie die fehlenden Angaben in die Lücken: Das DHL Päckchen, Porto _____.

Das DHL Päckchen darf nicht _____ 60 cm, nicht _____ 30 cm und

nicht _____ 15 cm sein. Es darf nicht _____ Kilo sein.

c) Schreiben Sie: Das DHL Paket 31,5 kg, Porto: _____

_____

_____

B Einfach und günstig

Ergänzen Sie die Adjektive um ihre Endungen.

a) Das DHL Päckchen: Einfacher und günstig_____ Versand bis zwei Kilogramm.

b) Der einfach_____ und günstig_____ Versand von Päckchen – bei DHL ab € 3,90.

c) Den einfach_____ und günstig_____ Versand von Päckchen bietet DHL zum Preis von € 3,90 an.

d) Ein einfach_____ und günstig_____ Versand von Päckchen wird schon ab € 3,90 angeboten.

e) Der Preis des einfach_____ und günstig_____ Versands von Päckchen beträgt € 3,90.

f) Mit günstig_____ Tarif und einfach_____ Versand: Das DHL Päckchen bis zwei Kilogramm.

C Auf der Post

Kreuzen Sie das passende Verb an.

a) Ich möchte ein Paket	einwerfen.	aufgeben.	anbieten.
b) Bis wann wird der Brief	zugestellt?	ausgegeben?	angefragt?
c) Können Sie die Sendung	tragen?	frankieren?	durchführen?
d) Ich möchte einen Brief	eintragen.	einhalten.	einwerfen.
e) Der Brief wird bis morgen	zugestellt.	gespeichert.	erteilt.
f) Können Sie das Päckchen bis morgen	zustellen?	liefern?	wiederholen?

D Verben mit trennbarer und nicht trennbarer Vorsilbe

Schreiben Sie die fehlenden Satzteile in die Lücken.

a) den Brief einwerfen:

1 Wirf _den Brief hier ein!_ _____

2 Kannst du bitte _____.

3 Hast du _____?

4 Ich _____ gleich _____.

b) das Paket bis morgen zustellen:

1 Bitte stellen _____.

2 Wird das Paket _____?

3 Wir _____.

4 Sie müssen _____.

c) den PC verschicken:

1 Hast du _____?

2 Den _____ich morgen.

3 Der PC _____ per Kurier _____.

4 Kann man _____ per Kurier _____?

d) den Lkw entladen:

1 Müssen wir _____?

2 Ja, bitte _____.

3 Wir haben _____.

4 Gut, dass ihr _____.

E Wenn …, dann …

a) Welcher von den zwei Sätzen 1–7 nennt die Bedingung für den anderen Satz? Kreuzen Sie an.

1 ☒ Die Sendung wiegt weniger als 20 Gramm. ☐ Die Sendung kostet nur 55 Cent.
2 ☐ Das Päckchen kommt morgen an. ☐ Sie geben es heute auf.
3 ☐ Sie zahlen 6,90 Euro. ☐ Das Päckchen soll abgeholt werden.
4 ☐ Zahlen Sie 6,90 Euro? ☐ Das Päckchen wird abgeholt.
5 ☐ Wir schicken das Geschenk per Express. ☐ Das kostet zu viel.
6 ☐ Den Koffer können wir aufgeben. ☐ Er ist nicht zu schwer.
7 ☐ Wir frankieren das Paket online. ☐ Wir können einen Euro sparen.

b) Schreiben Sie die Sätze.

1 Wenn die Sendung weniger als 20 Gramm wiegt, dann kostet sie nur 55 Cent.

2 Das Päckchen …, wenn …

F Hören und sprechen

● *Ich glaube, das kommt morgen noch an.*
▲ *Und wenn es morgen nicht ankommt?*

G Wie hoch ist das Porto?

Ordnen Sie den Dialog.

☐ ● *Dann kostet er 90 Cent, nicht wahr?*
☐ ▲ *Geht er ins Ausland?*
1 ● *Ich möchte einen Brief aufgeben.*
☐ ▲ *Ja, bestimmt.*
☐ ● *Dann wird er also morgen noch zugestellt?*
☐ ▲ *Ja, normalerweise brauchen Briefe nur einen Tag.*
☐ ● *Nein, aber ich weiß nicht, wie hoch das Porto ist. Er wiegt vielleicht über 20 Gramm.*
☐ ▲ *Moment …, ja, Sie haben recht, er wiegt mehr als 20 Gramm.*
☐ ● *Nein, normal. Kommt er noch bis morgen an?*
☐ ▲ *Richtig. Oder soll er per Express gehen?*

Hanno Theißen
Lessingstr. 24
50858 Köln

H Das Porto in Deutschland, Österreich und der Schweiz

Vergleichen Sie die Tarife. (Deutschland: siehe Seite 56/57)	Österreich		Schweiz	
	Standardbrief bis 20 g	€ 0,55	Standardbrief bis 100 g	CHF 0,85* / € 0,51
	Päckchen bis 2 kg	€ 4,21	Paket bis 2 kg	CHF 6,00* / € 3,60
	Paket 4 kg	€ 5,21	Paket 5 kg	CHF 8,00* / € 4,80

* 1 Schweizer Franken = ca. 0,60 Euro

Schreiben Sie oder sprechen Sie mit einem Partner.

Das Porto für einen Standardbrief bis 20 Gramm ist in Österreich genauso hoch wie in Deutschland.

Das Porto für einen Standardbrief ist in der Schweiz etwas …, und der Brief darf in der Schweiz mehr …

I Aussprache: Zungenbrecher

Der Potsdamer Postkutscher putzt den Potsdamer Postkutschkasten.
Der Cottbusser Postkutscher putzt den Cottbusser Postkutschkasten.

langsam und deutlich
→ *schneller werden*
→ *flüssig und deutlich*

J Wie – womit – als was?

Schreiben Sie den Transportweg, das Transportmittel und die Versandart unter die Abbildungen.

Landweg | Seeweg | Bahnfracht | Luftfracht | Schiff | Bahn | Luftweg | Seefracht | Lkw | Flugzeug

Transportweg	*auf dem Landweg*	_____	_____	_____
Transportmittel	_____	*mit dem* _____	_____	_____
Versandart	_____	_____		*als Seefracht*

K …bereit, …fertig

Bilden Sie das richtige Adjektiv. Überprüfen Sie Ihre Lösungen im Wörterbuch.

a) Wir können die Maschine in den Versand bringen. Sie ist _versandbereit._

b) Jetzt können wir die Maschine versenden. Sie ist _____ *fertig.*

c) Der Betriebsrat will das Gespräch mit dem Geschäftsführer führen. Er ist gesprächs _____.

d) Die Backmischung kann man sofort gebrauchen. Sie ist _____.

e) Wir können abreisen. Wir sind _____ *fertig.*

f) Wir fürchten das Risiko nicht. Wir sind _____.

g) Der Lkw kann gleich abfahren. Er ist _____.

L Das kann man auch kürzer sagen.

Welche der Aussagen A–F passt zu den Mitteilungen und Fragen 1–6? Ordnen Sie zu.

A ● Herr Schütte ist nicht da.
   ▲ Kann ich Ihnen sagen, was ich ihm sagen wollte?
B ● Herr Schütte ist heute nicht im Büro. Es ist wahrscheinlich länger weg.
C ▲ Die Telefonnummer der Firma habe ich ja schon. Aber wenn Sie mir die Nummer des Apparats von Herrn Schütte geben, brauchen Sie mich beim nächsten Mal nicht zu verbinden.
D ● Ich kann Sie leider nicht verbinden, weil Herr Schütte gerade telefoniert.
E ● Herr Schütte war eben noch da, aber jetzt ist er gerade weg. Er ist sicher bald wieder da.
F ● Sind Sie in zehn Minuten noch erreichbar? Dann kann Herr Schütte bei Ihnen anrufen. In zehn Minuten ist er nämlich wieder da.

1 Herr Schütte ist außer Haus.
2 Herr Schütte ist nicht am Platz.
3 Kann Herr Schütte Sie zurückrufen?
4 Welche Durchwahl hat Herr Schütte?
5 Kann ich eine Nachricht hinterlassen?
6 Herr Schütte spricht gerade.

M Was hören Sie?

AB 28-32

Tragen Sie die passende Nummer ein.

a) _____ Der Gesprächspartner ruft zurück. d) _____ Der Anrufer hinterlässt eine Nachricht.

b) _____ Der Mitarbeiter ist nicht zuständig. e) _____ Der Gesprächspartner ist am Platz.

c) _____ Der Apparat ist besetzt.

N *sonst* oder *damit*?

a) Schreiben Sie das passende Wort wie in den Beispielen.

1 Wir müssen jetzt losgehen.

<u>sonst</u>   A Wir kommen zu spät.

_____ B Wir kommen noch pünktlich an.

_____ C Wir erreichen den Zug.

_____ D Wir verpassen den Zug.

_____ E Die anderen sind schon weg.

_____ F Wir treffen die anderen noch.

2 Wir müssen anrufen.

<u>damit</u>   A Der Chef weiß Bescheid.

_____ B Der Chef weiß nicht Bescheid.

_____ C Die Leute warten auf uns.

_____ D Ein Taxi kommt.

_____ E Wir bekommen ein Zimmer.

_____ F Das Hotel ist schon voll.

b) Schreiben Sie einige Sätze aus a) 1 und 2.

Wir müssen jetzt losgehen, sonst kommen wir zu spät.

Wir müssen jetzt losgehen, damit wir noch pünktlich ankommen.

O **Hören und sprechen**

● *Wir müssen anrufen, sonst bekommen wir kein Taxi.*
▲ *Ach so, damit wir ein Taxi bekommen.*

P **Warensendung: Was muss man beachten?**

Lesen Sie in den Bestimmungen für den Versand als Warensendung nur die markierten Teile.
Schreiben Sie zuerst die Stichwörter in die Übersicht links. Fassen Sie dann den Text zusammen.

Warensendung bedeutet:

Waren: z. B. 1. <u>Proben</u>   2._____

              3._____

erlaubt: 1._____

              2._____

verboten: _____

Zusammen mit Ware zugelassen:

              1._____

              2._____

keine Ware: 1._____ 2._____

              3._____

notwendig: 1._____

              2._____

Als Warensendung können Sie Proben, Muster oder Gegenstände versenden, die als Waren anzusehen sind. Allen Warensendungen können Sie kurze Angaben, die den Inhalt beschreiben, sowie die Rechnung und einen entsprechenden Zahlungsverkehrsvordruck beilegen. Briefliche Mitteilungen sind nicht zugelassen. Kalender, Papier- und Verkaufswaren dürfen Sie als Hauptgegenstand versenden. Andere Druckstücke, z. B. Angebote oder Kataloge, sind nur als Beilage zugelassen. Nicht als Verkaufsware gelten z. B. Eintrittskarten, Gutachten, Gutscheine und Ähnliches, weil diese Gegenstände selbst nicht Kaufgegenstand sind. Grundsätzlich sind offener Versand sowie die Bezeichnung „Warensendung" oberhalb der Anschrift erforderlich.

Q **Der Auftrag**

Auftrag des Kunden geht ein.

Fertigungsauftrag erteilen   Teile im Lager bereitstellen

Geräte herstellen

Geräte ausliefern

Beschreiben Sie den Ablauf.

Zuerst geht der Auftrag des Kunden ein. Wenn der Auftrag eingegangen ist, … Während …

Wenn …

Wenn … , dann können …

Das Leben geht weiter.

> Wer bin ich, woher komme ich, dass ich bin, wie ich bin, und mich anders nicht machen noch wünschen kann?
> (Thomas Mann: Betrachtungen eines Unpolitischen)

Mit 22 Jahren	ging ich noch zur Schule.	war ich noch ledig.
Im Jahr 1998	bin ich von zu Hause weggegangen.	wohnte ich noch zu Hause.
Damals	machte ich gerade eine Berufsausbildung als ...	wurde ich schwer krank.
Zu der Zeit	habe ich mit dem Studium begonnen.	konnte ich noch kein Deutsch
	fand ich eine Stelle als ...	hatte ich schon zwei Kinder.

> Cosima Dante
> geb. 1988, Parma
> Lehre Bürokf.
> 2006-2007 Au-pair in A
> Fortbildung Europasek. 2008
> Abteilungssekr. Kahlo & Co.
> Linz

1 Ihre Lebensstationen – Ihr Werdegang

a) Befragen Sie drei bis vier Teilnehmer im Kurs zu Stationen ihres Lebens, machen Sie sich zu jeder Lebensstation Notizen, die Ihre Partner gut lesen können.

S. 72 A

b) Tragen Sie den Werdegang Ihrer Partner vor.

Cosima Dante wurde 1988 in Parma geboren. Das liegt in Italien. Sie hat eine Lehre als Bürokauffrau gemacht. Von 2006 bis 2007 war sie Au-Pair-Mädchen in Österreich. 2008 hat sie eine Fortbildung zur Europasekretärin gemacht. Sie arbeitet jetzt bei der Firma Kahlo & Co. in Linz. Sie ist sehr nett.

2, 1-2 2 Heinrich Kolasch und Helga Schnitzler erzählen ...

S. 72 B

a) Lesen Sie zuerst die Fragen 1–16. Hören Sie dann den Text.

1 Wie alt ist Heinrich Kolasch heute?
2 Wo wurde Heinrich Kolasch geboren?
3 Was für eine Ausbildung hat er gemacht?
4 Mit wem war er in erster Ehe verheiratet?
5 Hat er einen Sohn oder eine Tochter aus erster Ehe?
6 Wie viele Kinder hat er?
7 Welche Zukunftspläne hat er?
8 Heinrich Kolasch sagt: „Da muss ich noch vieles unter einen Hut bringen." Was heißt das?

9 Wie alt ist Helga Schnitzler heute?
10 Wo wurde Helga Schnitzler geboren?
11 Was für eine Ausbildung hat sie gemacht?
12 Mit wem war sie in erster Ehe verheiratet?
13 Hat sie einen Sohn oder eine Tochter aus erster Ehe?
14 Wie viele Kinder hat sie?
15 Welche Zukunftspläne hat sie?
16 Helga Schnitzler sagt: „Es war Liebe auf den ersten Blick." Was heißt das?

b) Tragen Sie einige Lebensstationen von Heinrich Kolasch und Helga Schnitzler in die Übersicht ein.

	Heinrich Kolasch	Helga Schnitzler
1969–1980		
1980–1990		
1990–2000	*Hochzeit mit Silke Theißen*	
2000–2005		*Rückkehr nach Deutschland*
2005–2010		

3 **Es geht rund.**

S. 72 C

a) Sprechen Sie zu fünft zuerst langsam, dann schneller. Dann „geht es rund".

1 ~~Ich war beim Arzt~~ | 2 Ich habe damit angefangen. | 3 Wir konnten nicht kommen. |
4 Ina hat bis 7 Uhr gearbeitet. | 5 …

1 ● *Ich war beim Arzt.*
    so: ▲ *Ich auch.* ■ *Wirklich?* ✳ *Ich weiß.* ▶ *Bestimmt nicht.*
    oder so: ▲ *Ich war auch beim Arzt.* ■ *Warst du wirklich beim Arzt?*
        ✳ *Ich weiß, dass du beim Arzt warst.* ▶ *Du warst bestimmt nicht beim Arzt.*

b) Schreiben Sie einen Satz mit den fünf Rollen.

4 **Lebensstationen**

S. 72 D
S. 73 E

Konrad Bernried	
geb. 1971	Wismar
1977–1990	Schule
1990	Abitur
1990–1993	Ausb. Exportkaufm.
1993	6 Mon. USA
1994–2000	Studium Informatik
seit 2000	Systemanalytiker bei Porox Rostock

Elke Trost	
geb. 1990	Wismar
1996–2006	Schule
2006	Realschulabschluss
2006–2009	Ausbildung Gebäudemanagement
2009	Au-pair Lyon
seit 2010	Gebäudemanagerin bei Sekus Wismar

a) Tragen Sie die beiden Lebensläufe einem Partner vor. Sprechen Sie wie in den Mustersätzen.

Nachdem Konrad Bernried aus den USA zurück war, hat er das Studium der Informatik begonnen.

Bevor Elke Trost als Au-pair nach Lyon ging, hat sie ihre Lehre als Gebäudemanagerin abgeschlossen.

Gr. S. 71, 1

S. 73 F
S. 73 G

b) Schreiben Sie zu jedem Muster wenigstens einen Satz.

5 **Meine Lebensstationen, mein Werdegang**

Schildern Sie Ihre Lebensstationen und Ihren Werdegang. Das geht so:

1. Schritt: Stichworte sammeln und auf ein Notizblatt schreiben.

2. Schritt: Vortrag	**im Sitzen**	**im Stehen**
Wohin mit den Händen?	Auf den Tisch.	Nicht in die Hosentaschen.
	Notizblatt mit beiden Händen halten eventuell eine Hand für Körpersprache benutzen	
Körperhaltung	gerade, leicht nach vorne gebeugt, still sitzen	gerade, einen Fuß ganz leicht vor den anderen, still stehen
Ablauf	Klares Anfangssignal: *Ich möchte Ihnen etwas über … sagen.* Klares Schlusssignal: *Vielen Dank für Ihre Aufmerksamkeit.*	
Sprechtechnik	Sprechen Sie möglichst im Stehen. Sagen Sie lieber wenig langsam als viel schnell. Üben Sie zu Hause vor dem Spiegel.	

S. 73 H

Und jetzt geht es los. Viel Erfolg!

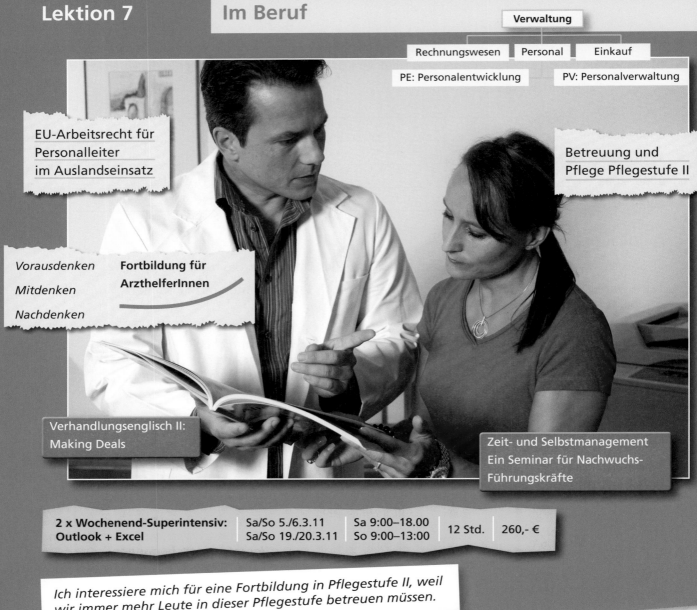

Verwaltung

Rechnungswesen | Personal | Einkauf

PE: Personalentwicklung | PV: Personalverwaltung

EU-Arbeitsrecht für
Personalleiter
im Auslandseinsatz

Betreuung und
Pflege Pflegestufe II

Vorausdenken

Mitdenken

Nachdenken

**Fortbildung für
ArzthelferInnen**

Verhandlungsenglisch II:
Making Deals

Zeit- und Selbstmanagement
Ein Seminar für Nachwuchs-
Führungskräfte

2 x Wochenend-Superintensiv: **Outlook + Excel**	Sa/So 5./6.3.11 Sa/So 19./20.3.11	Sa 9:00–18.00 So 9:00–13:00	12 Std.	260,- €

*Ich interessiere mich für eine Fortbildung in Pflegestufe II, weil
wir immer mehr Leute in dieser Pflegestufe betreuen müssen.*

*Ich habe Schwierigkeiten mit Terminen und Terminarbeiten. Deshalb
ist das Seminar Zeit- und Selbstmanagement genau richtig für mich.*

6 **Was kommt infrage?**

Welches Fortbildungsangebot interessiert Sie, finden Sie nützlich, passt zu Ihren Zukunftsplänen?

 7 **Was dann?**

S. 74 I

a) Lesen Sie zuerst die Fragen. Hören Sie dann das Gespräch zwischen dem Vorgesetzten und Helga Schnitzler.

1 Wie viele Pläne für das neue Jahr nennt sie?
2 Welches Thema spricht der Vorgesetzte an? A Neue Projekte. B Fortbildung.
3 Was will sie machen? A Zwei Seminare. B Einen Sprachkurs.
4 Die Firma zahlt die Kursgebühren zu A 50%. B 100%.
5 Wie finden Sie die Gesprächsführung des Vorgesetzten von Frau Schnitzler?
6 Wie finden Sie die Gesprächsführung von Frau Schnitzler?
7 Vor welchem Fehler warnt der Vorgesetzte Frau Schnitzler?
8 Welche konkreten Vereinbarungen trifft Frau Schnitzler mit ihrem Vorgesetzten?

b) Lesen Sie zuerst die Fragen. Hören Sie dann das Gespräch zwischen der Vorgesetzten und Heinrich Kolasch.

1 Was für einen Traum hat Heinrich Kolasch?
2 Welche Schwierigkeiten sieht er?   **A** sprachliche   **B** familiäre
3 Was will er machen?   **A** Einen Englischkurs. **B** Ein Seminar.
4 Die Firma zahlt die Kursgebühren zu **A** 50%.   **B** 100%.
5 Wie finden Sie die Gesprächsführung der Vorgesetzten von Herrn Kolasch?
6 Wie finden Sie die Gesprächsführung von Herrn Kolasch?
7 Vor welchem Fehler warnt die Vorgesetzte Herrn Kolasch?
8 Welche konkreten Vereinbarungen trifft Herr Kolasch mit seiner Vorgesetzten?

8 Es geht schon wieder rund.

a) Sprechen Sie zu fünft zuerst langsam, dann schneller. Dann „geht es rund".

1 Wie finden Sie den PC? | 2 Wie finden Sie das Büro? | 3 Wie finden Sie die Räume? | 4 Wie finden Sie die Bürolampe? | 5 Wie finden Sie den Apparat?

1 ● *Wie finden Sie den PC?*   ▲ *Den würde ich sofort nehmen.*   ✱ *Den hätte ich gern.*
   ■ *Der wäre was für mich.*   ▶ *Der könnte mir gefallen.*

Gr. S. 71, 2

b) Schreiben Sie den Satz 5 oder einen anderen mit den fünf Rollen.

9 Ines Corlani macht Pläne.

Lesen Sie, was Ines Corlani vorhat.

| Plan: als Au-pair nach Wien gehen | Wunsch vorher: eine USA-Reise machen |

Ines würde gern als Au-pair nach Wien gehen. Vorher würde sie aber gern eine USA-Reise machen. Nachdem Ines eine USA-Reise gemacht hat, würde sie gern als Au-pair nach Wien gehen. Bevor Ines als Au-pair nach Wien geht, würde Sie gern eine USA-Reise machen.

Schreiben Sie, was Peer van Houten vorhat.

| Plan: sich ein Auto kaufen | Wunsch vorher: den Führerschein machen |

Peer _____

_____

_____

_____

10 Wo stehen Sie beruflich? Wohin wollen Sie?

Beschreiben Sie Ihre augenblickliche Tätigkeit im Beruf oder in der Aus- und Fortbildung:

a) Welche Aufgaben und Anforderungen umfasst diese Tätigkeit?
b) Welche Aufgaben und Anforderungen bringt die Zukunft?
c) Welche Aufgaben und Anforderungen möchten Sie in eigener Initiative übernehmen?

Ich arbeite bei einer Pharmafirma in München. Zu meinen Aufgaben gehört es, Verpackungsmaschinen einzurichten, zu bedienen, zu überwachen und Störungen zu melden. Ich arbeite halbtags vormittags, möchte aber in Zukunft auch Vollzeit und Schicht arbeiten. Im Moment besuche ich zweimal in der Woche einen Französischkurs, weil ich gern für ein paar Monate in unserer Niederlassung in Lille arbeiten möchte. Vielleicht mache ich aber auch eine Fortbildung in ....

74 K

S. 75 L

11 Veränderungen

Welche Sätze passen zueinander?

Wer bildet wen?

Ein Mitmensch sagt, er bildet sich.
Sein Lehrer findet's ärgerlich
Und sagt: „Mein Freund, das wundert mich.
Nicht du dich, nein, ich bilde dich."

Gut ist nicht gut genug.
Stillstand ist Rückschritt.
Alles fließt. Alles ist in Fluss.
Alle Dinge sind immer in Bewegung.
Wer auf der Stelle tritt, geht rückwärts.
Was heute gut ist, ist morgen schlechter.
Wer so bleibt, wie er ist, wird schlechter.
Die Qualität von heute ist der Qualitätsmangel von morgen.

Du kannst nicht zweimal im gleichen Fluss baden.
Niemand bleibt, wie er ist: Er wird besser oder schlechter.
Du wirst schlecht, wenn du aufhörst, besser zu werden.
Niemand steht. Jeder geht. Vorwärts oder rückwärts.
Wer mit dem Erreichten zufrieden ist, erreicht nichts.
Wer nicht besser wird, wird schlechter.
Wer sich nicht weiterbildet, bildet sich zurück.
Es gibt keinen Stillstand. Es gibt nur Rückschritt oder Fortschritt.

S. 75 M

12 VHS in deutschsprachigen Ländern

Was können Sie in den Merkur Centren, in der Volkshochschule Salzburg oder in der Volkshoch-schule Freiburg machen? Wann findet das statt? Was kostet das?
Welche Angebote zu den Bereichen Wellness-Fitness, Informatik, Management & Wirtschaft gibt es?

Merkur Centren

Lehrgang Diplom-Planerin Direkt-marketing (neu) Gefragtes praxiswirk-sames Know-how in **Kommunikation** und **Direktmarketing**. Sie animieren Ihre Kunden mit Fingerspitzengefühl erfolg-reich zum **Dialog**.

Di. 03.03.–Di. 30.06.
Salzburg
Europark Salzburg, Seminarraum
Center-Management
EUR 99,00

- Wirtschaft & Management
- Informatik
- Ausbildung für Ausbilder
- Fitness & Wellness Fachausbildungen
- Angebote für Firmen
- Sprachen & Freizeit
- Sprachen: Diplome & Module

Rhetorik und Kreativität

Sicher vor Gruppen auftreten, das richtige Wort im richtigen Moment, wer wünscht sich das nicht?
Mo 3.8. bis Freitag 7.8., 9.00 bis 13.00 Uhr im Schwarzen Kloster, VHS Freiburg, € 95,00

Computernutzung und Betriebssystem mit Windows Vista (Modul 2 ECDL)

Der Kurs richtet sich an Anfänger/-innen mit geringen Vorkenntnissen, die das Betriebssystem des PC in der betrieblichen Praxis einsetzen wollen.

K1204 Pilates

Pilates ist die optimale Mischung aus Atmung – Körper-training – Stabilisation – Muskelkoordination – Entspan-nung. Pilates ist ein besonderes Training zur Stärkung der gesamten Muskulatur, vor allem der tiefliegenden Bauch- und Rückenmuskulatur. Wir achten besonders auf die Körperstabilität, Flexibilität (= Beweglichkeit) und Muskelkoordination.

13 Der Werdegang eines Zirkustigers

S. 75 N

Was gehört zu Miras Aufgaben?
Wie ist ihre familiäre Situation?
Welche Anforderungen werden an sie gestellt?
Was bringt die Zukunft?

1 Die Vergangenheit

Perfekt   oder   Präteritum?

—————— Wir empfehlen Ihnen diese Formen. ——————

ist gewesen*	war	es hat gegeben	es gab	hat gelesen/geschrieben	las*	arbeitete*
hat gehabt	hatte	es ist gegangen	es ging	genommen/gegessen/...	schrieb	antwortete
hat gekonnt	konnte	hat gesagt	sagte	ist gegangen/gekommen	ging	löste
hat gewollt	wollte	hat gefragt	fragte	hat gegeben/genommen	kam	steckte
hat gemusst	musste	hat gedacht	dachte	ist gekommen/gefahren	nahm	hängte
hat gesollt	sollte	hat gebraucht	brauchte	/gelaufen/...	gab	setzte
hat gedurft	durfte	hat gebracht	brachte		stand	legte
hat gewusst	wusste	hat gekannt	kannte	hat gearbeitet/...	hing	___(e)te
ist geworden	wurde	hat genannt	nannte	hat/ist ...	saß	
					lag	

TENDENZ   ‹ ‹ ‹ ‹ ‹ informell   formell › › › › ›   TENDENZ
         ‹ ‹ ‹ ‹ ‹ mündlich   schriftlich › › › › ›
   ‹ ‹ ‹ ‹ ‹ Sprecher aus Süddeutschland   Sprecher aus Norddeutschland › › › › ›

* Diese Formen sollen Sie kennen und verstehen, aber nicht gebrauchen.

Alle diese Formen sind richtig. Aber ...

... wir empfehlen Ihnen, in formellen und informellen Situationen so zu sprechen und zu schreiben:

2004 **habe** ich noch bei der Firma Lora **gearbeitet**. Dort **war** ich im Außendienst tätig. Dann **wollte** ich zurück in die Schweiz. In Winterthur **gab** es Stellenangebote in der Elektrobranche. Das **hat** in der Zeitung **gestanden**. Ich **bin** zur Firma Elektro Sutter AG als Elektriker **gegangen**.

In einer informellen Situation würde ein Sprecher aus dem

süddeutschen Sprachraum wahrscheinlich so sprechen:

2004 **habe** ich noch bei der Firma Lora **gearbeitet**. Dort **bin** ich im Außendienst tätig **gewesen**. Dann **habe** ich zurück in die Schweiz **gewollt**. In Winterthur **hat** es Stellenangebote **gegeben**. Das **hat** in der Zeitung **gestanden**. Ich **bin** zur Firma Elektro Sutter AG als Elektriker **gegangen**.

norddeutschen Sprachraum wahrscheinlich so sprechen:

2004 **habe** ich noch bei der Firma Lora **gearbeitet**. Dort **war** ich im Außendienst tätig. Dann **wollte** ich zurück in die Schweiz. In Winterthur **gab** es Stellenangebote in der Elektrobranche. Das **stand** in der Zeitung. Ich **bin** zur Firma Elektro Sutter AG als Elektriker **gegangen**.

In einer formellen Situation würde ein Schreiber aus dem

süddeutschen Sprachraum wahrscheinlich so schreiben:

2004 **habe** ich noch bei der Firma Lora **gearbeitet**. Dort **war** ich im Außendienst tätig. Dann **wollte** ich zurück in die Schweiz. In Winterthur **gab** es Stellenangebote in der Elektrobranche. Das **hat** in der Zeitung **gestanden**. Ich **bin** zur Firma Elektro Sutter AG als Elektriker **gegangen**.

norddeutschen Sprachraum wahrscheinlich so schreiben:

2004 **arbeitete** ich noch bei der Firma Lora. Dort **war** ich im Außendienst tätig. Dann **wollte** ich zurück in die Schweiz. In Winterthur **gab** es Stellenangebote in der Elektrobranche. Das **stand** in der Zeitung. Ich **ging** zur Firma Elektro Sutter AG als Elektriker.

2 *wäre__, hätte__, würde__*

wäre__

Er **wäre gern** Abteilungsleiter.
Ich **wäre gern** bei dir.
Wäre dir Dienstag **lieber**?
Wir **wären gern** fertig.
Was **wäre** euch **am liebsten**?

hätte__

Wir **hätten gern** mehr Geld.
Hätten Sie **lieber** einen anderen Termin?
Hättest du etwas dagegen?
Hättest du morgen mal Zeit?
Ich **hätte** Hunger. Und du?

würde__

Würdet ihr **lieber** heute oder morgen kommen?
Würdest du das für mich machen?
Herr Pernau, **würden** Sie mal bitte kommen?
Das **würde** vielleicht gehen.

A   Diktat

Der eine diktiert dem anderen.
Dann vergleichen und korrigieren sie.

Jetzt geht es umgekehrt.

Lena Müller wurde am 24. Juli 1989 in Zürich geboren. Am 26. April 2009 hat sie das Abitur in Basel gemacht.

Karl Schulz wurde am 31. Januar 1998 in Salzburg geboren. Seit dem 10. September 2004 geht er dort zur Schule.

B   Marlene Werum ruft Halim Rono an.

Marlene Werum sagt:
Ich rufe Halim morgen an. Ich will ihm etwas Wichtiges sagen. Aber ich kann ihn erst um 11.00 Uhr anrufen. Vorher bin ich beim Arzt.

a) Patrick Wenzel fragt Halim am nächsten Abend:

Halim, hat _____

_____

_____

_____

b) Halims Chef fragt ihn auch:

Herr Rono, hat Frau Werum Sie gestern
erreicht? Sie wollte _____

_____

_____

_____

c) Patricks fünfjährige Tochter Polly weiß alles:

Papa, ich weiß, dass Frau Werum dich gestern
Ich weiß auch, dass
Und ich weiß, dass
Ich weiß auch, dass

_____

AB 34   C   Hören und sprechen

● Das konnte er nicht.
▲ Was? Das konnte er nicht? Das konnte er.

D   So war es früher. So ist es im Augenblick. So könnte es in Zukunft sein.

Schreiben Sie.

Die Reinigung hat fünf Stunden gedauert. Da hatten wir die neue Reinigungsmaschine noch nicht. Aber jetzt haben wir sie ja. Da geht es schneller. Hoffentlich können wir die neue Maschine behalten. Dann brauchen wir ab sofort viel weniger Personal.

Bevor wir die neue Reinigungsmaschine hatten, hat die
Reinigung fünf Stunden gedauert.
Aber seit _____
Wenn wir _____

_____

Es dauert bestimmt noch ein paar Wochen. Dann können alle die Maschine bedienen.

_Es_ _____
bis _____

_____ _. Wenn_

_____ _, aber nicht früher._

Vielleicht brauchen wir noch so eine Maschine. Dann kaufen wir eine. Ich arbeite mit der neuen Maschine und gleichzeitig macht Herr Blinkert die Bäder und Toiletten. Aber manchmal werde ich für andere Arbeiten gebraucht.

Während Herr Blinkert _____

_____

, wenn ich nicht _____

E Einer oder mehrere?

Tragen Sie in die Kästchen E für *einer/eine* oder M für *mehrere* ein.

1 Ich freue mich auf unseren neuen Computer.   E
2 Ich freue mich auf unsere neuen Computer.
3 Ich interessiere mich für diesen Rechner.
4 Ich interessiere mich für diese Rechner.
5 Ich treffe den Besucher um vier Uhr.
6 Ich treffe mich mit dem Besucher um vier Uhr.
7 Ich treffe mich mit den Besuchern um vier Uhr.
8 Arbeiten Sie doch mit den anderen Maschinen.
9 Arbeiten Sie doch mit der anderen Maschine.
10 Diese schwierige Aufgabe mache ich morgen fertig.
11 Diese schwierigen Aufgaben mache ich morgen fertig.

F Hören und sprechen

● *Hast du das gemacht?*
▲ *Ina hat das gemacht. Ich habe das nicht gemacht.*

G Das ist gleichzeitig passiert.

Schreiben Sie drei Sätze mit *als*.

Elke Trost wurde geboren. Konrad Bernried machte das Abitur.

Als Elke Trost _____

Elke Trost ging noch zur Schule. Konrad Bernried war schon im Studium.

_____

Elke Trost machte die mittlere Reife und begann eine Lehre. Konrad Bernried war schon berufstätig.

_____

H Besondere Menschen

Was sind diese besonderen Menschen von Beruf? Was haben sie Besonderes gemacht?

Heidemarie Schwermer (geb. 1942 in Memel) lebt seit 1996 absichtlich ohne Geld. Alles, was sie hatte, hat sie verschenkt. Über ihre Lebensphilosophie hat sie das Buch „Das Sterntalerexperiment. Mein Leben ohne Geld" geschrieben.

Kurz vor ihrem 100. Geburtstag ist die französisch-belgische Ordensschwester Emmanuelle (Madeleine Cinquin) gestorben. Seit 1971 lebte sie unter den Müllsammlern von Esbet El Nachl, einem Armenviertel von Kairo, als die Mutter der Ärmsten.

Michael Lauk macht keine „halben Sachen". Der 38-jährige Unternehmer war ein sportlicher Student, aber mit dem Sport hat er erst vor zwei Jahren wieder angefangen. Vor Kurzem hat er sich in Zürich für den Ironman-Triathlon in Hawaii qualifiziert.

Am 5. November 2005 wird Ismael Khatibs 12-jähriger Sohn von israelischen Soldaten erschossen. Ismael gibt die Organe seines Sohnes zur Transplantation für arabische und israelische Kinder frei. Darüber gibt es einen Film: „Das Herz von Dschenin".

I   Preisliste und Listenpreis

Ordnen Sie die Ziffern 1–16 den Buchstaben A–P zu.

1 Meine Mietwohnung | 2 Meine Wohnungs-miete | 3 Ein Textvergleich | 4 Den Vergleichstext | 5 Bierdosen | 6 Dosenbier | 7 Die Besprechungsdauer | 8 Dauerbe-sprechungen | 9 Die Teepause | 10 Den Pausentee | 11 Die Listenpreise | 12 Auf der Preisliste | 13 Kuhmilch | 14 Milchkühe | 15 Eine Terminarbeit | 16 Der Arbeitstermin

A muss pünktlich fertig werden. | B kosten viel Zeit. | C steht noch nicht fest. | D muss man entsorgen. | E beträgt eine Stunde. | F beträgt € 300,00 kalt. | G hat vier Zimmer. | H müssen Sie mal lesen. | I stehen die Preise. | J ist nötig. | K beginnt gleich. | L brauchen Gras. | M trinke ich gern. | N soll man sich selbst holen. | O ist gesund. | P sind hoch.

J   Simsalabim. Schwere Texte werden leicht.

a) Lesen Sie nur die markierten Wörter und fassen Sie den Text zusammen. Vergleichen Sie Ihre Zusammenfassung mit dem Text im Buch.

Ich arbeite als Krankenpflegerin in einem Unfallkrankenhaus. Ich arbeite dort nur halbtags in Früh- und Spätschicht. Ich würde gern Vollzeit arbeiten und habe mich deshalb auf eine Vollzeitstelle beworben. Ich mache gerade eine Fortbildung in Intensivpflege. Ich möchte mich später gern zur Kinderschwester weiterbilden.

Die Frau arbeitet als ...

b) Schreiben Sie in die Lücken.

_____ Anlagenelektriker in einem Kraftwerk. _____

Vollzeit mit Nachtbereitschaft zweimal/Woche. _____ Vorarbeiter

_____. _____ Meisterkurs am Wochenende

angemeldet. _____ im nächsten Juli den

Meistertitel. _____ Fortbildung zum Anlagenelektroniker _____

_____.

K   Wenn-Sätze

Schreiben Sie wie im Beispiel:

Wenn du so bist, wie ich dich mag, dann mag ich dich so, wie du bist.

Bist du so, wie ich dich mag? Dann mag ich dich so, wie du bist.

Wenn du tust, was du gut findest, dann tue ich, was ich gut finde.

_____.

Wenn dir gefällt, was mir gefällt, dann gefällt mir, was dir gefällt.

_____.

Wenn du nur sagst, was ich glaube, dann glaube ich alles, was du sagst.

_____.

Wenn du nur tust, wofür ich Verständnis habe, dann habe ich Verständnis für alles, was du tust.

_____.

L Rückschritt, Stillstand, Fortschritt

Was bringt Fortschritt? Was bringt Rückschritt? Was bringt Stillstand? Was gibt es leider nicht?

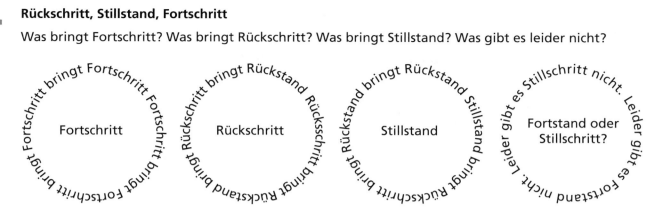

Fortschritt bringt Fortschritt Fortschritt bringt Fortschritt bringt Fortschritt

Rückschritt bringt Rückstand Rückschritt bringt Rückstand bringt Rückstand

Rückstand bringt Rückstand Stillstand bringt Rückschritt bringt Rückstand

Leider gibt es Stillschritt nicht. Leider gibt es Fortstand nicht.

Fortstand oder Stillschritt?

M Aussprache

Fortschritt bringt Fortschritt bringt Fortschritt bringt Fortschritt.
Rückschritt bringt Rückstand bringt Rückschritt bringt Rückstand.
Stillstand bringt Rückschritt bringt Rückstand bringt Rückstand.
Leider gibt es Fortstand nicht. Leider gibt es Stillschritt nicht.

langsam und deutlich
→ *schneller werden*
→ flüssig und deutlich

N Wer fällt da mit der Tür ins Haus?

1 Stimmt es, dass deutsche Manager keinen oder wenig Small Talk machen?
2 Stimmt es, dass die Bereitschaft zu Small Talk mit den Sprachkenntnissen steigt und fällt?

Ohne Small Talk „mit der Tür ins Haus"

70% der international tätigen Unternehmen bieten ihren Managern interkulturelle Trainings an und geben dafür zwischen 1.000 bis 6.000 Euro aus. Wichtigstes Schulungsziel für deutsche Manager: Sie sollen nicht „mit der Tür ins Haus fallen", sondern eine Aufwärmphase mit Small Talk vorschalten. Wichtigstes Schulungsziel für ausländische Manager: Sie sollen darauf vorbereitet sein, dass ihre deutschen Gesprächspartner ohne Small Talk meist gleich „mit der Tür ins Haus fallen".

Tatsache ist aber, dass deutsche Manager untereinander sehr wohl Small Talk machen, sogar bei Telefongesprächen. Sie tun es auch, wenn sie mit ihren ausländischen Partnern auf Deutsch verhandeln. Sie tun es aber nicht, wenn sie mit ihren ausländischen Partnern in der Fremdsprache verhandeln und diese nicht gut beherrschen. Wer – Ausländer oder Deutscher – in der Fremdsprache mit muttersprachennahen Sprachkenntnissen verhandelt, macht ungefähr so lange Small Talk wie in seiner Muttersprache. Auch Ausländer kürzen die Small-Talk-Phase ab und „fallen mit der Tür ins Haus", wenn sie mit schlechten Deutschkenntnissen auf Deutsch

verhandeln müssen. Die Bereitschaft zu Small Talk ist abhängig von der Sprachbeherrschung. Wer mit der Tür ins Haus fällt, tut dies nicht, weil er es so will, sondern weil er nicht anders kann. Small Talk erfordert eine viel höhere Sprachkompetenz als Verhandeln. Wahrscheinlich ist ein guter Sprachkurs das beste interkulturelle Training.

Von 100 Managern, die 2 Stunden in ihrer Muttersprache oder in einer muttersprachennahen Fremdsprache verhandelt haben, haben so viele 6–10 Min. Small Talk gemacht.

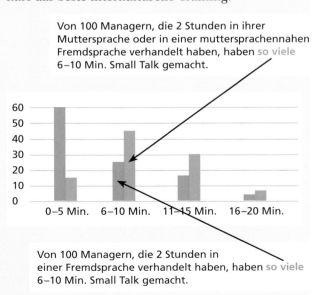

Von 100 Managern, die 2 Stunden in einer Fremdsprache verhandelt haben, haben so viele 6–10 Min. Small Talk gemacht.

Da stimmt etwas nicht.

Meldung
Das geht nicht.
Da kommt kein Rückgeld raus.
Die CD kommt nicht raus.
Das Zimmer ist nicht fertig.
Ich kann das Schloss nicht aufmachen.
Der Automat nimmt die Flasche nicht.

Erklärung/Diagnose
Das Kabel ist defekt.
Der Automat wechselt nicht.
Da klemmt etwas.
Das war ein Irrtum von mir.
Der Schlüssel passt nicht.
Die ist nicht von hier.

Lösung(sversuch)
Hier ist ein neues.
Da haben Sie Pech gehabt.
Ich probiere es mal so.
Ich gebe Ihnen Nr. 24.
Vielleicht passt der.
Probieren Sie es woanders.

1   **Da ist etwas nicht in Ordnung.**

Schildern Sie einen Fall, wo etwas nicht in Ordnung war.
Was war los? Was war der Grund?
Wie ist es ausgegangen?
S. 82 A
Machen Sie dazu Rollenspiele.

Neulich ging mein neues Radio nicht.
Das Kabel war defekt. Im Geschäft
haben sie mir ein anderes gegeben.

● *Der Rücknahmeautomat nimmt die Flasche nicht.*
▲ *Ja, die ist nicht von hier. Probieren Sie es doch woanders.*

2, 6-11   **2**   **Entschuldigung, ich habe ein kleines Problem.**

a) Hören Sie sich eine Meldung nach der anderen an und suchen Sie oben die passende Abbildung.

b) Wie geht die Sache jeweils aus? Wie finden Sie die Lösungen? Kann man sich darüber freuen
oder muss man sich darüber ärgern und sollte sich eventuell darüber beschweren?

S. 82 B
S. 82 C

Im Hotel ist das Zimmer noch nicht fertig. Der Gast bekommt ein anderes
Zimmer. Ich finde das in Ordnung. Über so eine Lösung kann man sich freuen.

S. 82 D
S. 83 E

3 Der Zahnarzttermin

Sie haben einen Zahnarzttermin
und können ihn nicht einhalten.
- Was müssen Sie unbedingt tun?
- Was ist auch möglich?
- Was geht auf keinen Fall?

den Termin absagen | sich einen neuen Termin holen |
einfach nicht hingehen | um einen anderen Termin bitten |
sich vertreten lassen | sich darüber freuen | sich um einen
anderen Termin kümmern | sich beim Zahnarzt beschweren |
sich darüber ärgern | nie mehr einen Zahnarzttermin
vereinbaren | später unangemeldet hingehen

4 Die Reklamation

Gr. S. 81, 1

S. 83 F

a) Spielen Sie die Reklamation „Fensterheber" mit verteilten Rollen.
b) Spielen Sie die Reklamation „Fernseher" mit verteilten Rollen.
c) Schreiben Sie die Reklamation.

Gr. S. 81, 2

	Das Auto war bei Ihnen in der Inspektion. Jetzt gehen aber die Fensterheber nicht mehr.	Der Kunde hat einen Fernseher gekauft. Jetzt fällt aber der Ton manchmal aus.
Sachverhalt	● *Guten Tag, mein Auto war bei Ihnen in der Inspektion. Jetzt gehen aber die Fensterheber nicht mehr.*	_____ _____ _____
Anteilnahme	▲ *Das darf aber nicht sein. Tut mir leid. Gut, dass Sie sofort angerufen haben.*	_____ _____
Einzelheiten	● *Ja, ich habe alles probiert, aber die Fensterscheiben bewegen sich nicht. Und plötzlich bewegen sie sich wieder. Und*	_____ _____
Wunsch	*dann wieder nicht. Können Sie sich den Wagen mal ansehen?*	_____
Lösung	▲ *Selbstverständlich. Übrigens, ich glaube, ich weiß, was da los ist. Wann können Sie den Wagen mal vorbeibringen? Wahrscheinlich können Sie darauf warten.*	_____ _____ _____ _____

d) Sie haben sich einen Elektrorasierer gekauft. Er macht
manchmal ein komisches Geräusch. Sie verlangen
einen Umtausch oder noch lieber Ihr Geld zurück.

5 Was haben Sie da gemacht?

S. 83 G

Schildern Sie einen Fall, wo etwas nicht in Ordnung war.
Was war los? Was war der Grund? Wie ist es ausgegangen?
Haben Sie reklamiert? Haben Sie sich beschwert?
Haben Sie sich Sorgen gemacht? Haben Sie sich geärgert?
Wer hat sich um die Sache gekümmert?

*Ich wollte am Automat ein Getränk kaufen. Ich habe zwei
Euro eingeworfen. Aber es kam eine Tafel Schokolade
heraus. Darüber habe ich mich geärgert. Ich habe es noch
einmal probiert. Da hat es geklappt. Ich habe die Service-
nummer angerufen. Aber niemand hat sich um mich
gekümmert. Das war der Dame ziemlich egal.*

S. 83 H

6

S. 84 I

Freude und Ärger im Beruf

Worüber freut sich wohl der junge Mann auf dem Bild und worüber ärgert sich wohl die junge Dame? Worüber freuen oder ärgern Sie sich manchmal?

7 **Die Falschlieferung**

a) Was hat Herr Berger von der Firma Exipor Frau Grüner wohl am Telefon gesagt?

● *Norensa GmbH, mein Name ist Grüner.*

▲ <u>Hier ist Berger, Julian Berger, von der Firma Exipor.</u>

● *Guten Tag, Herr Berger. Was kann ich für Sie tun?*

▲ <u>Frau Grüner, Sie haben heute</u>   .

● *Zwei Paletten, sagen Sie?*

▲ _____.

● *Und Sie haben nichts bestellt. Sind Sie da ganz sicher?*

▲ _____.

● *Aber ich erinnere mich, dass Exipor zwei Paletten bestellt hat. Oder täusche ich mich da?*

▲ <u>Frau Grüner,</u>   .

● *Ach so, vorige Woche haben wir Ihnen das Papier schon geliefert.*

▲ <u>Ja,</u>   .

● *Dann ist das ein Irrtum. Da ist uns ein Fehler passiert. Ich kümmere mich darum und rufe Sie zurück. Entschuldigung, Herr Berger, das ist sicher ärgerlich für Sie.*

▲ <u>Ach, Frau Grüner</u>   .

● *Danke, Herr Berger. Aber wissen Sie, ein anderer Kunde ärgert sich vielleicht gerade, weil er sein Papier nicht bekommen hat. Ich kläre das, bevor sich der andere Kunde beschwert.*

▲ <u>Ich bin aber nur noch</u>   .

● *Herr Berger, wenn Sie nur noch eine Viertelstunde am Platz sind, dann kümmere ich mich sofort darum. In zehn Minuten rufe ich Sie wieder an. Sie können sich wirklich darauf verlassen.*

▲ <u>Gut, Frau Grüner,</u>   .

● *Bis gleich, Herr Berger, und vielen Dank für Ihr Verständnis.*

Gr. S. 81, 2

2, 12

S. 84 J

b) Vergleichen Sie das Telefongespräch zwischen Herrn Berger und Frau Grüner mit Ihren Eintragungen. Was ist bei Ihnen inhaltlich oder sprachlich richtig, falsch oder nur anders?

8 Was passt?

S. 84 K

1 Wofür interessieren Sie sich?	A verspätete Lieferungen | B mein Gefühl |
2 Womit beschäftigen Sie sich?	C dem Angebot | D die Zusage | E eine Panne |
3 Wonach erkundigen Sie sich?	F Fehler in der Produktion | G jede Arbeitsunter-
4 Worauf verlassen Sie sich?	brechung | H Politik und Wirtschaft | I die nächsten
5 Worüber ärgern Sie sich?	Schritte | J dem Ergebnis der Besprechung |
6 Worüber beschweren Sie sich?	K die Marktchancen unserer Produkte | L alles
7 Worüber sind Sie sich einig?	Mögliche | M vielem | N den Bericht | O dem
8 Worüber unterhalten Sie sich?	fehlenden Schlüssel | P meine guten Erfahrungen |
9 Worum kümmern Sie sich?	Q meiner Berufskarriere | …

Für
Mit
Nach
Auf
Über
Um

S. 85 L

Gr. S. 81, 2

9 Gute Tipps für eine erfolgreiche Beschwerde

Sagen Sie, wie es sein soll (→ Lösung). Sagen Sie nicht, wie es nicht sein soll (→ Problem).
Begründen Sie Ihren Wunsch positiv (*damit*), aber nicht negativ (*sonst*).

a) Was finden Sie an den Beispielen 1 und 2 gut? Wie würden Sie es machen?

	Beispiel 1	Beispiel 2
Einleitung	*Gestern Nacht war es mal wieder laut auf der Straße.*	*Ich hätte eine kleine Bitte:*
Bitte/Lösung	*Verabschieden Sie Ihre Partygäste doch nicht auf der Straße,*	*Könnten Sie bei Ihrer nächsten Party die Gäste im Haus verabschieden,*
Begründung	*sonst wird die Nachbarschaft wach.*	*damit die Nachbarn ruhig schlafen können?*
Schluss	*Ist das klar?*	*Ich wünsche Ihnen noch viele schöne Feste.*

b) Tragen Sie Beschwerden vor. Herr X ist zu einer Verabredung eine halbe Stunde zu spät gekommen. | Der Eingangsbereich ist nicht sauber geputzt. | Die Suppe in der Kantine ist meistens schon kalt, wenn sie auf den Tisch kommt.

10 Gute Tipps für erfolgreiche Reklamationen

S. 85 M

Erklären Sie in einer kurzen Einleitung den Sachverhalt. Sagen/Schreiben Sie, was Sie beanstanden (→ Beanstandung). Unterlassen Sie (negative) Bewertungen. Sagen/Schreiben Sie dann, was Sie wollen (→ Forderung). Begründen Sie Ihre Forderung positiv (*damit*), nicht negativ (*sonst*).

	Beispiel 1	Beispiel 2
Einleitung	Sie haben uns gestern 4 Großflaschen Bodenreiniger BoR 14/2 geliefert.	Sie haben uns gestern 4 Großflaschen Bodenreiniger BoR 14/2 geliefert.
Beanstandung	Die Lieferung ist falsch. Wir hatten etwas anderes bestellt.	Wir hatten aber 4 Flaschen BoR 14/10 bestellt.
Forderung	Schicken Sie uns bitte keine falsche Ware,	Liefern Sie uns bitte umgehend die bestellten 4 Flaschen BoR 14/10,
Begründung	sonst kann unser Reinigungspersonal nicht weiterarbeiten.	damit unser Reinigungspersonal weiterarbeiten kann.
Schluss	Mit freundlichen Grüßen	Mit bestem Dank und freundlichen Grüßen

a) Was finden Sie an den Beispielen gut? **b)** Wie würden Sie es machen?
c) Reklamieren Sie:

Die Ware wurde nicht geliefert / falsch geliefert. |
Die Reparatur wurde nicht durchgeführt / falsch durchgeführt.

11   Lösungen statt Probleme

Signalisieren Sie Ihrem Partner Lösungen und keine Probleme.
a) Welches Bild stellt ein Problem dar? Welches Bild stellt
   eine Lösung dar?
b) Welche Lösung passt zu welchem Problem?

2 — Defekt!

1

15 — Durchgang verboten

14 — Schalter geschlossen

13 — Fahrräder abstellen verboten!

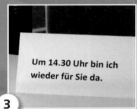

3 — Um 14.30 Uhr bin ich wieder für Sie da.

16 — Sehr geehrte Fahrradfahrer, unsere Kunden würden gerne unsere Schaufenster sehen. Dauerparker bitte einen anderen Stellplatz suchen.

12 — Sicher überholen nach 5 km

4 — Bitte gehen Sie zu Schalter 8.

10 — Fußgänger bitte andere Straßenseite benutzen

11 — Bitte nicht stören

5 — Der/Die Empfängerin ist im Urlaub. Ihre Nachricht wird nicht weitergeleitet.

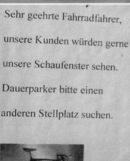

7 — Aufzug außer Betrieb!!

8 — Aufzug im Brandfall nicht benutzen. Bitte nehmen Sie die Treppe.

9

Betreff: AW: Anfrage
Datum: 30.06.2011, 09:33

Herzlichen Dank für Ihre Nachricht.
Am Montag, dem 15. Juli 2011, bin ich wieder
im Büro zu erreichen. Dann lese und bearbeite
ich Ihre E-Mail.

Mit besten Grüßen
Willi Völker

6 — Bitte benutzen Sie die Toiletten im 1. OG.

12   Eine gute schlechte Nachricht oder eine schlechte gute?

Sie befürchten, dass zu Ihrem Tag der offenen Tür kaum jemand kommt. So ist es zunächst auch, bis plötzlich 120 Besucher – unangemeldet – auf dem Kundenparkplatz aus zwei Bussen aussteigen.

Als Herr Trumm das sieht, sagt er: „Das ist ja eine schöne Überraschung! Da soll man sich nicht ärgern? Wer soll sich denn um die Leute kümmern? Ich beschwere mich beim Leiter der Gruppe."	Als Frau Lebrecht das sieht, sagt sie: „Das ist aber eine schöne Überraschung! Da soll man sich nicht freuen? Wir kümmern uns gern um die Leute. Ich bedanke mich beim Leiter der Gruppe."

Machen Sie Herrn Trumm auf die positive Seite der Sache aufmerksam.
Machen Sie Frau Lebrecht auf die problematische Seite der Sache aufmerksam.

13   Zwei völlig verschiedene Gespräche über genau das gleiche Thema

 2, 13-14

Was ist in den beiden Gesprächen gleich: die Personen, der Schauplatz, die Länge, das Thema, der Ton, das Ergebnis? Was machen die beiden richtig oder falsch?
Wie würden Sie das Gespräch führen? Führen Sie es.

1 Infinitivsätze

	...	Verb 2	zu	Verb 1
Ich habe vor,	die Aufgabe bis morgen		zu	erledigen.
Ich hoffe,	die Aufgabe bis morgen	erledigen	zu	können.
Ich empfehle Ihnen,	mit der Aufgabe sofort		anzufangen.	
Ich befürchte,	nicht vor vier Uhr	anfangen	zu	können.
Ich bin sicher,	Sie ausreichend	informiert	zu	haben.
Ich wünsche,	über die Terminplanung besser	informiert	zu	werden.
Sie brauchen	sie nicht heute schon		abzugeben.	
Sie brauchen	erst morgen mit der Aufgabe fertig		zu	sein.
Im Notfall brauchen Sie	nur Frau Theodosio		anzurufen.	

- **nur Infinitivsatz**

Sie hat vor, in Griechenland Urlaub zu machen.
Ist es wirklich so schwer, die Zahlen richtig abzuschreiben?
Es ist gar nicht einfach, die Zahlen richtig abzuschreiben.
Es ist Frau Molitors Aufgabe, die Gäste zu empfangen.
Ich bemühe mich, ihn zu verstehen. Aber es gelingt mir nicht, ihn zu verstehen.

- **Infinitivsatz oder *dass*-Satz**

Es geht auf keinen Fall, dass Herr Berger meine Termine absagt.
Es geht auf keinen Fall, die Termine zu verschieben.

Es ist möglich, dass das Gerät einen Fehler hat.
Ist es möglich, das Gerät umzutauschen?

Bitten Sie ihn, morgen auch zu kommen.
Bitten Sie ihn, dass er morgen auch kommt.

Ich empfehle Ihnen, dass Sie morgen schon um acht Uhr da sind.
Ich empfehle Ihnen, morgen schon um acht Uhr da zu sein.

Ich finde es schön, dass wir ein so gutes Betriebsklima haben.
Ich finde es schön, ein positives Betriebsklima zu haben.

- **nur *dass*-Satz**

Es gefällt mir, dass er immer so freundlich ist.
Ich finde es gut, dass du bei uns arbeiten willst.
Er weiß, dass das falsch ist.
Ich habe gesehen, dass er etwas falsch gemacht hat.

2 Sätze mit reflexiven Verben

mich – dich – uns – euch – sich	mir – dir – uns – euch – sich
Kümmert **euch** um die Sache.	Haben Sie **sich** das Buch gekauft?
Er freut **sich** darüber.	Ich nehme **mir** noch ein Stück.
Ich muss **mich** leider beschweren.	Holst du **dir** das bitte selbst?
Kannst du **dich** daran erinnern?	Das müssen **wir** uns ansehen.
Wir verlassen **uns** auf Ihr Wort.	Hören Sie **sich** den Dialog an.
Ärgern Sie **sich** nicht!	Ich miete **mir** eine kleine Wohnung.
Für Mode interessiert sie **sich** sehr.	Sie macht **sich** große Sorgen.
Ich bemühe **mich** um einen Sitzplatz.	Sucht **euch** einen Sitzplatz!

A **Da war etwas nicht in Ordnung.**

Setzen Sie die Verben in der passenden Form ein.

umtauschen | herausnehmen | bedienen | kommen | bringen | wissen | ~~kaufen~~ | öffnen | machen | einlegen | sagen | ausprobieren | verlangen | klemmen

Ich habe mir einen CD-Player _gekauft_ und wollte ihn zu Hause _____. Ich konnte

die CD problemlos _____, aber sie _____ nicht mehr raus. Irgendetwas hat

_____. Ich habe sie zurück ins Geschäft _____. Ein junger Mann hat mich

_____. Er _____ sofort Bescheid. Mit seinem „Alleskönner", wie er

_____, hat er das Fach _____ und die CD _____. Ich habe

aber von ihm _____, dass er mir das Gerät _____. Das hat er auch sofort

_____.

B **Ich frage mich, wieso ...**

Suchen Sie sich sechs oder sieben Sätze aus und schreiben Sie wie im Beispiel.

Der Rücknahmeautomat hat die Flasche nicht genommen. | Der Automat hat kein Geld zurückgegeben. | Das Netzkabel war nicht in Ordnung. | Da hat etwas geklemmt. | Das Fach ist nicht aufgegangen. | Der Schlüssel hat nicht gepasst. | ~~Das Zimmer war nicht fertig.~~ | Es ist kein Rückgeld herausgekommen. | Das Radio hat keinen Strom gekriegt. | Er hatte ein kleines Problem.

Ich frage mich, wieso das Zimmer nicht fertig war. _____

_____

_____

_____

_____

_____

_____

C **Was wollen die Leute damit sagen? Ordnen Sie zu.**

1 Ich habe Garantie.
2 Da haben Sie Pech gehabt.
3 Das Gerät ist ein Alleskönner.
4 Wo hatte ich nur meinen Kopf?
5 Das sollte nicht vorkommen.
6 Ich möchte das umtauschen.
7 Wir können nichts machen.

A Das kann man flexibel einsetzen.
B Probieren Sie es mal woanders.
C Das darf nicht passieren.
D Ich möchte es zurückgeben und ein anderes haben.
E Sie hatten kein Glück.
F Ich habe ein Recht auf Umtausch, kostenlose Reparatur oder Geld zurück.
G Ich war nicht konzentriert und habe nicht aufgepasst.

AB 39-40 **D** **Hören und sprechen**

a) ● *Es hat Ärger gegeben. Jemand hat sich geärgert.*
   ▲ *Wer hat sich denn geärgert?*

b) ● *Es hat sich jemand geärgert.*
   ▲ *Es hat also Ärger gegeben.*

E *sich verlassen auf, sich kümmern um, sich ärgern über, sich wundern über*

Schreiben Sie die vier Dialoge.

● Ich verlasse mich auf ihn.   ● _____
▲ Ja, _____   ▲ _____
● Bob _____   ● _____
▲ Aber _____   ▲ Aber Petra und Kim nicht. Die ärgern sich nur
_____   über sich selbst.

● _____   ● _____
▲ _____   ▲ Ja, über den wundern sich viele.
● Bob kümmert sich auch um ihn.   ● _____
▲ _____   ▲ _____

F **Der Dialog und das Bild**

sich den Dialog anhören   sich das Bild ansehen

● *Hör dir doch mal bitte meinen Dialog an.*   ● Sieh dir _____
▲ *Ich höre mir gerade einen anderen an.*   ▲ _____
  Deinen höre ich mir später an.   _____
● *Ja, und dann hören wir uns Toms Dialog an.*   ● _____
  Der ist auch gut.   _____
▲ *Also gut. Ich höre mir deinen Dialog an und*   ▲ _____
  du dir meinen. Und dann hörst du dir Toms
  Dialog an. Ich kenne ihn schon.

G **Aussprache**

Freu dich! Freu dich! Freu dich! Wer sich freut, der ärgert sich nicht, der freut sich, der ärgert sich nicht, der freut sich!

Bedanke dich! Bedanke dich! Wer sich bedankt, der beschwert sich nicht, der bedankt sich, der beschwert sich nicht, der bedankt sich.

langsam und deutlich
→ *schneller werden*
→ flüssig und deutlich

H **Immer dieser Erich!**

Schreiben Sie den Text über Erich neu und ersetzen Sie die markierten Stellen durch:

Möchtegern | Besserwisser | Schwarzseher | Gernegroß | Tunichtgut | ~~Störenfried~~ | Alleskönner

Erich ist ein Mensch, der überall Streit sucht. Ich mag keine Leute, die glauben, alles genauer und besser zu wissen als alle anderen. Vielleicht kann er viel. Er meint aber, er kann alles, und sagt es auch noch. Überall und immer will er der Größte sein. Er sucht die Gesellschaft der Großen und Berühmten dieser Welt. Er wäre so gern einer von ihnen. Erich ist bekannt als einer, der sich und anderen viele Probleme macht. Und pessimistisch ist er auch noch.

Erich ist ein Störenfried. _____
_____
_____
_____
_____
_____
_____

I   Sich freuen oder sich ärgern?

a) Schreiben Sie in die leeren Kästchen F für „sich freuen" oder Ä für „sich ärgern".

1 Die Lieferung kommt zu spät.
2 Die Bestellung ist da.
3 Der Kunde reklamiert.
4 Der Preis ist zu hoch.
5 Der Mitarbeiter ist wieder gesund.
6 Heute ist Feiertag.
7 Die Besprechung ist zu Ende.
8 Es gibt viele Arbeitsunterbrechungen.
9 Ich bin die Treppe runtergefallen.

b) Sprechen oder schreiben Sie so:

Es ist ein Grund sich zu freuen, wenn der Mitarbeiter wieder gesund ist.

Oder so:
Dass der Kunde reklamiert, ist ein Grund sich zu ärgern.

Oder so:
Wenn es viele Arbeitsunterbrechungen gibt, dann ist das ein Grund sich zu ärgern.

J   Herr Berger und Frau Grüner

Was passt zusammen?

1 Herr Berger hat zwei Paletten Papier erhalten.
2 Frau Grüner glaubt, dass die Lieferung an Exipor richtig ist.
3 Frau Grüner sagt, dass Exipor Papier bestellt hat.
4 Frau Grüner erkennt, dass die Lieferung ein Irrtum ist.
5 Sie befürchtet, dass ein anderer Kunde auf sein Papier wartet.
6 Bis jetzt hat sich noch kein Kunde beschwert.
7 Die Sache ist für Frau Grüner noch nicht ganz klar.
8 Frau Grüner verspricht einen Rückruf in zehn Minuten.

A Daran kann sie sich erinnern.
B Darüber wundert sie sich.
C Darüber wundert er sich.
D Darin sind sich beide einig.
E Deshalb macht sie sich Sorgen.
F Darauf kann er sich verlassen.
G Aber darin täuscht sie sich.
H Aber sie kümmert sich darum.

K   Herr Doelle und Frau Zabel

So war es:

Herr Doelle hat sich mit Frau Zabel auf der Hannover Messe getroffen. Sie hat sich für eventuelle Neuentwicklungen bei Permacor interessiert und sich bei ihm danach erkundigt. Sie hat sich nicht wirklich beschwert, aber sie hat ihn doch auf einen Schönheitsfehler an der letzten Lieferung aufmerksam gemacht. Er weiß, dass sich Frau Zabel blind auf die Qualität von Permacor verlässt.

Frau Zabel berichtet Ihrem Vorgesetzten:

Ich habe mich _____

_____

_____

_____

_____

_____

_____

Ein Kollege fragt Frau Zabel:

Hat sich Herr Doelle mit Ihnen auf der Hannover Messe getroffen? Haben Sie sich

_____

_____

_____

_____

L   **Frau Boll kümmert sich um alles.**

a) Sagen Sie, um wen und worum sich Frau Boll kümmert und was sie übernommen hat.

1 Schreibblöcke auf die Plätze verteilen | 2 die Teilnehmer begrüßen | 3 die Gäste abholen | 4 die Nachbesprechung durchführen | 5 den Tagungsraum reservieren | 6 ~~die Lautsprecheranlage testen~~ | 7 die Getränke servieren | 8 die Tagesordnung aufstellen | 9 ein Flipchart besorgen

> *Frau Boll kümmert sich um die Lautsprecheranlage. Genauer gesagt:*
> *Sie hat es übernommen, die Lautsprecheranlage zu testen.*

b) Schreiben Sie ein paar Sätze nach Ihrer Wahl wie im Beispiel.

die Teilnehmer zu begrüßen.

	hat es übernommen,
Frau Boll	hat zugesagt,
	hat angeboten,

M   **Tiere sind auch nur Menschen.**

> Um den täglichen Überlebenskampf zu bestehen, verfügen die Tiere insgesamt über fünf Strategien: 1. Flucht; 2. Verteidigung; 3. Angriff; 4. Abschreckung; 5. Tarnung (Mimese). Die meisten Tierarten beherrschen aber nur einige dieser möglichen Strategien.

a) Welche Überlebensstrategien wenden die vier Tiere an:

der Hase: _Flucht, Tarnung_   die Klapperschlange: _____

der Elefant: _____   der Marienkäfer: _____

Der Hase hat die ideale Farbe, um sich in der Natur zu verstecken. Wenn es sein muss, kann er sehr schnell laufen.

Der Elefant ist so groß und stark, dass er praktisch keine Feinde zu fürchten braucht. Aber seine Jungen verteidigt er gegen eventuelle Angreifer mit allem, was er hat.

Die Klapperschlange wartet stundenlang auf ein Beutetier. Sie verfolgt es nicht. Mit einem Biss tötet sie es. Wenn sie sich in Gefahr fühlt, beißt sie auch den Angreifer.

Der Marienkäfer hat eine auffällige Färbung. Damit will er zeigen: „Ich bin giftig und gefährlich." Außerdem verbreitet er bei Gefahr einen unangenehmen Geruch.

b) Welche „Überlebensstrategien" gehen Herrn Kalebow durch den Kopf?

Herr Kalebow hat bei seiner Arbeit einen schweren Fehler gemacht.
Er überlegt: Soll er einfach unauffällig weiterarbeiten und nichts sagen?
Soll er sich bei seinem Chef über die schlechten Arbeitsbedingungen beschweren, die ja zu Fehlern führen müssen?
Soll er vorsorglich eine Aufstellung über seine fehlerlose Arbeit in den letzten Jahren machen?
Soll er den Fehler „entdecken" und unter seinen Kollegen energisch nach dem „Schuldigen" suchen?

c) Geben Sie Herrn Kalebow einen Rat und begründen Sie ihn.

Es stand in der Zeitung.

● *Liest du regelmäßig Zeitung?*
▲ *Ja, ich lese eine Tageszeitung.
Ich interessiere mich nämlich
für Politik.*

● *Siehst du viel fern?*
▲ *Nicht viel. Aber ich sehe mir
regelmäßig die Tagesschau an
und ab und zu einen Spielfilm.*

Tageszeitung
Wochenzeitung
Magazin
Fachzeitschrift
Online-Zeitung
Nachrichten
Tagesschau
Spielfilm

1 Wie informieren Sie sich?

S. 92 A

Partnerarbeit

● | *Liest du Zeitung?*   ▲ | *Ich lese …*
  | *Hörst du Radio?* | *Ich höre mir … an.*
  | *Siehst du fern?* | *Ich sehe mir … an.*

2 Ein Fernsehabend

S. 92 B

Gruppenarbeit:

Einigen Sie sich auf eine Sendung für
den Abend. Wofür interessieren Sie sich?
Was möchten Sie sich ansehen?

● Spielfilm   ● Reportage
● Nachrichten   ● Dokumentarfilm
● Talkshow   ● …

*Sollen wir uns den „Tatort" um
20.15 Uhr in ORF 2 ansehen?*

Ist das ein Spielfilm?

Ich schlage vor, dass wir uns …

Ich würde mir lieber … ansehen.

ARD

18.50 Lindenstraße
Familienserie
Erich (Bill Mockridge)
und Helga (Marie-Luise
Marjan) schöpfen neue
Hoffnung. Die Klinik hat
offenbar ein Spender-
herz gefunden.

20.00 Tagesschau
20.15 Tatort
FILM   Im Sog des Bösen
**   TV-Krimi, D 2009
       Erstausstrahlung
**21.45 Tagesthemen
       extra**
22.00 Anne Will
       Talkshow – Live
22.45 Tagesthemen
**23.15 Europa hat
       gewählt**
       Reportage
**0.00 titel thesen
       temperamente**
**0.30 Der fliegende
       Händler**
FILM   Komödie, F 2007
***   *Erstausstrahlung*

2.10   **Verlorene**
**   Liebesmüh'**
FILM   Musicalfilm, GB
       USA
       2000 – Mit K.
       Branagh
3.40   **Anne Will**
4.25   **Bahnstrecken**

ORF 2

13.35 **Heimat, fremde
Heimat 14.05** Seiten-
blicke-Revue **14.15**
FILM **Schloss Hubertus**
Heimatfilm, D 1973
15.45 Natur im Garten
16.10 Schöner leben
16.50 EU-Wahl 2009
18.30 Die Briaftos-Show
19.00 EU-Wahl 2009
19.05 heute 19.17
Lotto **19.30** ZiB **19.55**
Sport **20.05** Seitenblicke
**20.15 Tatort Im Sog
des Bösen** – TV-Krimi,
D 2009 **21.50** ZiB 2
Spezial **23.15** Menschen
& Mächte Spezial
0.00 EU-Wahl 2009

SCHWEIZ

15.50 glanz & gloria
16.05 Familie Dr. Kleist
16.55 Alisa **17.40**
Teleguard **18.00** Tagesschau **18.15** 5gegen5
18.40 glanz & gloria
19.00 Schweiz aktuell
19.25 SF Börse **19.30**
Tagesschau 19.55
Meteo **20.05** Deal Or
No Deal **20.50** Classe
Politique **21.50** 10vor10
22.15 Meteo **22.20**
**Menschen, Schicksal,
Abenteuer 22.50**
kulturplatz **23.30** Box
Office **23.50** Tagesschau
0.05 FILM **Der Ruf der
Geckos** Drama, D/CH
2007 **1.00** Box Office
1.15 Deal Or No Deal

*** Top
** Durchschnitt
* Geschmacksache

3 Hast du das gestern Abend gesehen?

a) Hören Sie, worüber die Kollegen sprechen:

Über **A** eine Sportsendung? **B** die TV-Nachrichten? **C** einen Dokumentarfilm?

b) 1 Wofür interessiert sich Franz? 3 Was will sich Horst nicht mehr anhören?
2 Was hat sich Horst angesehen? 4 Worüber machen sich Kurt und Franz Gedanken?

c) Ist bei Ihnen das Fernsehprogramm auch ein häufiges Gesprächsthema?

4 Das steht in der Zeitung.

a) Aus welchem Teil der Zeitung stammen die Texte?

Politik | Kultur/Feuilleton | Lokales
Wirtschaft | Vermischtes | Sport

b) Welcher Text ist eine Meldung, eine Reportage, ein Kommentar?

c) Was haben die Zeitungstexte mit dem Gespräch in Übung 3 zu tun? Worin unterscheiden sich die TV-Nachrichten, das Gespräch in Übung 3 und die Texte? Worin stimmen sie überein?

Krankmeldungen
Auch in diesem Jahr rückläufig

Wie das Gesundheitsministerium gestern mitteilte, hat die Zahl der Krankmeldungen in den deutschen Unternehmen erneut abgenommen. Im Vorjahr haben sich noch 3,56 % der Arbeitnehmer mindestens einmal im Jahr krankgemeldet. In diesem Jahr waren es nur noch 3,17 %. Das ist ein Rückgang um 12 %. In den 70er-Jahren war die Quote noch doppelt so hoch.

Als Grund dafür wird verbesserte gesundheitliche Vorsorge und die Abnahme der Arbeitsunfälle angegeben. Gesundheitsexperten der Opposition bezweifeln das. Sie weisen darauf hin, dass zunehmender Leistungsdruck, Überstunden und die Furcht vor dem Verlust des Arbeitsplatzes zugenommen haben.

Der Zwischenruf
Sind wir gesünder geworden?
von unserem Redakteur Ulf Korte

Wieder einmal ist die Zahl der Krankmeldungen in den Unternehmen gesunken, teilt uns die Gesundheitsministerin mit. Eine gute Nachricht? Werden die Arbeitnehmer von Jahr zu Jahr gesünder? Die Statistik zeigt das Gegenteil. Rückenkrankheiten, Herz- und Kreislaufbeschwerden, stressbedingte Krankheiten und andere nehmen zu. Unser teures Gesundheitssystem hat eben nicht mehr Gesundheit produziert. Die Arbeitnehmer fürchten sich einfach davor, ihren Arbeitsplatz zu verlieren, wenn sie sich zu oft krankschreiben lassen. In den Boom-Jahren des vorigen Jahrhunderts hat man sich gern „seine Grippe genommen" und ein, zwei Tage blaugemacht. Heute bleibt man nicht im Bett, sogar wenn es mal nötig ist. Mit Gesundheit hatte und hat beides nichts zu tun. Und das war damals und ist heute nicht in Ordnung.

„Wir sind vorsichtiger geworden."
Robert Schmal aus Chemnitz

Vor der Kasse im Supermarkt hat sich eine lange Schlange gebildet. Ilona Schott (Name von der Redaktion geändert) schiebt die Waren aus den vollen Einkaufswagen hastig über den Scanner. Ihr tut der Rücken weh. Die immer gleichen Bewegungen und das Heben machen ihr Beschwerden. Zweimal war sie in diesem Jahr schon beim Orthopäden. Der hat sie jeweils eine Woche krankgeschrieben. Nach dem zweiten Mal hat der Filialleiter sie zu einem Gespräch gebeten. Danach hat sie die ärztliche Behandlung abgebrochen und hat sich in der Apotheke Schmerztabletten geholt. „Wir sind vorsichtiger mit unseren Krankmeldungen geworden", sagt sie. Sie kennt einige Kolleginnen in ihrer Filiale und Bekante, die es sich inzwischen zweimal überlegen, ob sie sich krank-

5 In Gruppen

Stellen Sie zwei Partnern die Fragen 1 und 2. Nach der Antwort stellt ein anderer die Fragen 3 und 4 usw.

1 und 2: Welche Sendung gefällt dir / deiner Nachbarin am besten?
3 und 4: Was hörst du dir / hört sich … am liebsten an?
5 und 6: Wie informierst du dich / informiert sich dein Nachbar über …?

Gr. S. 91, 1

gefallen | sich anhören | sich ansehen | sich freuen über | passen | sich interessieren für

6 Was meinen Sie dazu?

Suchen Sie sich Partner und diskutieren Sie die folgenden Aussagen. Stimmen Sie zu oder stimmen Sie nicht zu? Warum? Welche Erfahrungen und Informationen können Sie beitragen?

Man muss über aktuelle Ereignisse mitreden können.
Heute liest man zu wenig Zeitung und sieht zu viel fern.
Ich glaube nicht, dass die Leute befürchten müssen, ihren Arbeitsplatz zu verlieren.
Für aktuelle Themen ist das Internet die beste Informationsquelle.
Das Thema Leistungsdruck und Krankheit ist nicht wichtig. Darüber wird zu viel geredet.
Mir ist das Radio lieber als das Fernsehen.
Das Gesundheitssystem hier ist hervorragend.

Im Beruf

Betrieb | Kaufmännischer Bereich | Betriebsra

Verwaltung | Vertrieb

Auftragsbüro

Marketing

Werbung

Öffentlichkeitsarbeit

Geschäftsleitung

Personal

C&T

Frau Beatrix Bolder, bisher Leiterin der Verwaltung, wird zum 1. August in das Werk Johannesburg versetzt. Die Geschäftsführung wünscht ihr viel Glück in ihrer neuen Position.

Auftragseingänge Januar–Mai

Unser Auftritt auf der Hannover Messe im April

C&T

Nach 20-jähriger Tätigkeit in der Entwicklungsabteilung geht Konrad Korthaus am 31. Mai in den verdienten Ruhestand. Wir feiern seine Verabschiedung in der Abteilung. Alle Kollegen und Kolleginnen sind eingeladen.

C&T

An alle Mitarbeiter:

Anmeldung zu den vereinbarten Fortbildungsangeboten ist noch bis zum 01.06. möglich.

Personalabteilung

Betriebsrat

Sprechstunden:
Mo. und Fr., 14.00–16.00 Uhr

Qualitätswesen

Reklamationen

C&T - Betriebsrat

Das Protokoll der letzten Betriebsratssitzung liegt im Betriebsrats-Büro zur Einsicht aus.

Gössling
Vorsitzender

C&T – Betriebsrat

Einladung
zur Betriebsversammlung am Dienstag, 12.06., 14.00–16.00 Uhr, Werkskantine

Tagesordnung:
• neue Pausenregelung
• Lärmschutz in der Fertigung
• Betriebsrats-Wahl

Gössling
Vorsitzender

● Hast du schon gehört? Beatrix wird versetzt.
▲ Woher weißt du das?
● Das steht am Schwarzen Brett.
▲ Das interessiert mich. Das muss ich mir ansehen.

● Am Schwarzen Brett hängt eine Nachricht der Personalabteilung. Es geht um Fortbildungsangebote.
▲ Interessant! Vielleicht gar nicht so schlecht.

7 Das steht am Schwarzen Brett.

S. 94 I

Sprechen Sie über die Informationen am Schwarzen Brett. Informieren Sie andere Kursteilnehmer. Kommentieren Sie, was Sie von anderen gehört haben, was Sie selbst gelesen haben.

Gr. S. 91, 2

8 Kollegengespräche

2, 16-19

S. 94 J
S. 94 K
S. 95 L

Worum geht es in den Gesprächen? Über welches Thema am Schwarzen Brett sprechen die Kollegen?

	Thema	Kommentar
Dialog 1	Versetzung	
Dialog 2		
Dialog 3		
Dialog 4		

Schade. Klasse! Das habe ich ja ganz vergessen. Vielleicht gar nicht so schlecht. Toll!

Ach du lieber Gott! Komisch. Prima! Gar nicht so schlimm. Kompliment!! Schlimm.

9 Aus der Werkzeitung

6. 95 M

> **Rückblick auf die Hannover Messe**
>
> Werk Johannesburg auf der Überholspur:
> **Turbinen für das ganze südliche Afrika**
>
> **Ausbildung bei C&T   Jungen Leuten eine Chance geben**
>
> **Besuch aus China   Mit Zuversicht in die Zukunft**

a) Was vermuten Sie? Mit welchem der Themen unten haben die Überschriften oben etwas zu tun?

- Unternehmensentwicklung
- internationale Zusammenarbeit
- Personalentwicklung

- technische Entwicklung
- Produktmerkmale
- Marketing und Vertrieb

- neue Produkte

Wie sicher sind Sie sich?

Vielleicht
Wahrscheinlich
Sicher
| *hat die Überschrift „Besuch aus China" etwas mit dem Marketing und Vertrieb zu tun.*

2, 20 b) Überfliegen Sie die Texte 1 und 2 und hören Sie sich das Gespräch an. Was vermuten Sie:
Auf welches Thema aus der Werkzeitung beziehen sich die Kommentare und Stellungnahmen?
Empfehlung: Lesen Sie nur die markierten Wörter.

1

An: korthaus@c&t.com
Betreff: Deine Befürchtungen

Hallo Konrad,

das habe ich auch gelesen. Wahrscheinlich können wir jetzt noch
nicht erkennen, welche Folgen das in der Zukunft hat. Aber ich sehe
eher Chancen als Risiken. Da liegen riesige Märkte, die sich natürlich
noch entwickeln müssen. Aber wir sollten sie jetzt in den Blick
nehmen. Ich glaube, Du brauchst Dir da keine Sorgen zu machen.
Schade, dass Du nicht mehr dabei bist, wenn es so weit ist. Wir sehen
uns ja am 31.05.

Bis bald – Reinhardt

2

*Da wird jetzt investiert,
weil Arbeit da billig
ist. Die Anlagen, die
da gebaut werden, die
werden eben nicht hier
gebaut. Und was dann
passiert, das ist ja
bekannt. Hier sitzen
dann nur noch die
Verwaltung und die
Entwicklung, und
produziert wird dort.*

c) Welche Chancen und Risiken werden in den Texten 1 und 2 und in dem Gespräch geäußert?

10 Jungen Leuten eine Chance geben

Stellen Sie Vermutungen an, worum es in dem Artikel mit der Überschrift „Jungen Leuten eine
Chance geben" gehen könnte. Geben Sie eine Stellungnahme ab und kommentieren Sie Ihre
Stellungnahme.

Vermutung:	*Ich vermute, dass es in dem Artikel um … geht.*
	Vielleicht geht es in dem Artikel um …
Stellungnahme:	*Es ist möglich, dass …*
Chancen	*Ich hoffe,* | *dass …*
	| *… zu …*
Risiken	*Ich befürchte,* | *dass …*
	| *… zu …*
Kommentar:	*Das ist schlimm* | *schade* | *gar nicht so schlecht* | *toll.*

Tragen Sie der Klasse Ihre Vermutung, Ihre Stellungnahme und Ihren Kommentar vor.

11 Eine Zeitung für alle Tage

S. 95 N

Wieder nichts!

*Wie immer holt ein Mitmensch sich
Das Morgenblatt frühmorgendlich.
Er liest und wirft es wütend hin.
Mal wieder steht rein gar nichts drin.*

Tilo Pätzolt
Redakteur, Verleger, Verkäufer

Die einen sagen: „In den Zeitungen steht ja doch immer dasselbe," die anderen: „Nichts ist so alt wie die Zeitung von gestern." Das sind die Zeitungsverlage und -redakteure. Sie wollen ihr Produkt verkaufen – wie Autohersteller, die deshalb alle paar Monate ein neues Modell auf den Markt bringen.
Tilo Pätzolt, Mathematik- und Philosophiestudent in Berlin, neugierig und experimentierfreudig, wollte es genau wissen. Er hat *Die Zeitung* erfunden, die „erste Zeitung für jeden Tag – immer gültig – heute kaufen – immer lesen".
Er ist Redakteur, Verleger und Verkäufer in einer Person. Das heißt: Er schreibt die Artikel, er erteilt den Druckauftrag, und er sucht seine Leser abends in den Berliner Kneipen. Datum: „heute", Preis: „nach Wahl".

Die meisten Leute zahlen zwei oder drei Euro, manchmal auch zehn oder sogar zwanzig.
Die Zeitung hat dieselben Teile wie normale Tageszeitungen: Politik, Wirtschaft, lokale Nachrichten, Kultur (Feuilleton), Wissen und Bildung, Leserbriefe, Sport, Wetter, Comic, „Vermischtes" usw. Blättern wir einmal.
Außenpolitik: Bericht über das deutsch-französische Gipfeltreffen – richtig, das findet pro Jahr mindestens einmal statt, manchmal gibt es noch ein paar Extra-Beratungen, und das wird auch in der Zukunft so sein.
Die Zeitung: „Wenn übermorgen traditionell die deutsch-französische Freundschaft gefeiert wird, soll ein festlicher Rahmen dafür sorgen, ... usw."
Innenpolitik: Natürlich gibt es – alle Jahre wieder – Wahlen, und keine Partei hat verloren: Wir haben „weniger verloren als die anderen" beziehungsweise „weniger als früher" meldet *Die Zeitung*.
Auf der **Wirtschaftsseite** lautet die Schlagzeile: „Neuer Rekordgewinn bei der Deutschen Bank. Viel Geld für wenig Leute." Wer möchte da widersprechen!
Im **Feuilleton** gibt es Literaturkritik zur Auswahl. Das neueste Buch des bekannten Autors Tilo Pätzolt wird besprochen: „Das schlechteste Buch, das ich bislang lesen musste," oder wahlweise: „Ein wahres Meisterwerk."
Sind das Artikel für die Ewigkeit? Tilo Pätzolt sieht das bescheidener: „Ich habe nicht versucht, Artikel zu schreiben, die jeden Tag gültig sind, sondern solche, die auch in zehn Jahren noch gültig sein könnten."
Auf solidem, haltbarem Papier gedruckt, kann *Die Zeitung* sicher zehn Jahre Spaß machen oder mehr. Ach ja, und noch einen Unterschied gibt es: Über „Die politische Woche" wird in Gedichtform berichtet. Sie endet am Wochenende:
*Da darf die Politik nicht stören;
die Leute woll'n nur eines hören:
Wer heut' gewinnt und wer verliert,
weil König Fußball jetzt regiert!*

Die Zeitung

Nachrichten aus Politik, Wirtschaft, Kultur und Sport

Datum: Heute   Preis: nach Wahl

Streiflicht

Viele Tierarten sind vom Aussterben bedroht, darunter auch einige, die man nicht vermissen wird, wie zum Beispiel das Alphatier.
Bei anderen hingegen wäre ein Fehlen schon schmerzlich, zum Beispiel bei den allseits beliebten Irrlichtern.
Ein naher Verwandter des Irrlichts ist das Streiflicht. Es hält sich gern in der Nähe von Politikern auf, besonders in der von Alphatieren. Nicht selten kommt es vor, dass es bei seinen Streifzügen ein schlechtes Licht auf diese wirft und Fachleute diskutieren, ob es damit nicht einen Beitrag zur Bedrohung eben jener Tierart leistet.
Auch für andere Lebewesen kann es gefährlich sein, gestriffen zu werden, so zum Beispiel für Duckmäuser oder den gemeinen Wendehals.
Vielleicht ist aber das Streiflicht nicht allein Schuld. Von Natur aus hält es sich schließlich nur kurz in der Nähe solcher Individuen auf, viel eher noch werden diese vom Zwielicht bedrängt. Für das Streiflicht weit angenehmer sind gemeinsame Ausflüge mit Glanzlichtern. Leider ist es jedoch einmal der Mensch, der durch sein rücksichtsloses Vorgehen in letzter Zeit dafür gesorgt hat, dass die natürlichen Verhältnisse aus den Fugen geraten sind.
Doch es gibt nicht nur schlechte Nachrichten, einige Arten konnten sich dank umfangreicher Schutzmaßnahmen ...

Die Regierungschefs von Frankreich und Deutschland   Foto: CA

In Frankreich zu Gast
Deutsche Spitzenpolitiker besuchen Frankreich

Schon vorgestern ist die deutsche Regierungsspitze in Paris eingetroffen. Wenn übermorgen traditionell die deutsch-französische Freundschaft gefeiert wird, soll ein festlicher Rahmen dafür sorgen, die Differenzen der letzten Zeiten vergessen zu machen und sich auf die gemeinsamen Chancen zu besinnen.
Näheres erfahren sie auf Seite 4 - Außenpolitik.

Die politische Woche
Zusammenfassung der üblichen Skandale etc.

Am Montag ging das Ganze los, man stellte die Regierung bloß - Durch Bericht an dieser Stelle startete die große Welle. Und bundesweit wurde bekannt, unser Land ist abgebrannt. Der Bürger ahnte die Gefahren, schon brüllte die Regierung: Sparen!
Wir hätten nichts mehr zu verschenken, drum müssten wir ...

Und auch den deutschen Mittelstand, dem man sich bisher sehr verband, wird man von Subventionen künftig wohl verschonen.
Kürzungen verkraften, müssten auch die Wissenschaften und für weitere Hilfen am Bau stünden die Chancen eher rau. Man bedauere die schlimme Lage, es seien nunmal schwere ...

In dieser Ausgabe:

Innenpolitik   ab Seite 2
- SPD beschließt neues Grundsatzprogramm

Außenpolitik   ab Seite 4
- Deutsch-Französisches Gipfeltreffen

Wirtschaft   Seite 5
- das Lied vom Kapital

Berlin und Umland   Seite 7
- La Bretterbudé
- Baumfrevel - es ist schon wieder passiert

Thema   Seite 8
- Pro & Contra: Das Lesen einer Tageszeitung

Feuilleton   ab Seite 9
- Die aktuelle Konzertkritik, die Band war in Berlin zu Gast
- Das Wolf und der Lamm: Über das Wesen von Audiobooks
- die lyrische Spalte: gefüllt von Jörn Brien
- Buchkritik: Das neue Buch von Franz K. - Wie eine Blüte in der kargen Steinlandschaft des Hochgebirges
- Die Kurzgeschichte der Woche: Hubertus der Goldfisch

Willkommen in der Wirklichkeit   Seite 13
- Wenn der Versicherungsmann zweimal klingelt

Leben   Seite 14
- Ich habe einen Traum - Tilo Pätzolt träumt vom Träumen

Wissen und Bildung   Seite 15
- Ach, tatsächlich? - Ein Gespräch mit dem Bildungssenator

- Genügt eine Zeitung für immer oder braucht man täglich eine neue Zeitung?
- Welche Themen in den Zeitungen ändern sich nie?
- Was fehlt in den Zeitungen? Was sollte in den Zeitungen stehen?

12 Nachrichten für alle Tage

Fragen zum Inhalt der Nachrichten brauchen Sie nicht zu beantworten. Es gibt keinen.

1 Die Personalpronomen und das Reflexivpronomen *sich*

Akkusativ		Dativ	
Personalpronomen	**Reflexivpronomen**	**Personalpronomen**	**Reflexivpronomen**
Das interessiert mich.	Dafür interessiere ich mich.	Das gefällt mir.	Das sehe ich mir an.
Das interessiert dich.	Dafür interessierst du dich.	Das gefällt dir.	Das siehst du dir an.
Das interessiert ihn/sie.	Dafür interessiert er/sie **sich**.	Das gefällt ihm/ihr.	Das sieht er/sie **sich** an.
Das interessiert uns.	Dafür interessieren wir uns.	Das gefällt uns.	Das sehen wir uns an.
Das interessiert euch.	Dafür interessiert ihr euch.	Das gefällt euch.	Das seht ihr euch an.
Das interessiert sie.	Dafür interessieren sie **sich**.	Das gefällt ihnen.	Das sehen sie **sich** an.

Akkusativ

Wir freuen **uns** auf unsere neuen Computer.
Sie zeichnen **sich** durch moderne Technik aus.
Morgen werden sie geliefert. Hoffentlich irre
ich mich nicht.

sich über das Geschenk / auf den Urlaub freuen
sich entspannen
sich durch Fleiß / moderne Technik auszeichnen
sich verlaufen/verschreiben/verhören/irren

Ich informiere **mich** am Schwarzen Brett.
Die meisten **Kollegen** informieren **sich** da auch.
Manche wissen nicht Bescheid, aber **wir**
informieren **sie**. **Dich** informiere **ich** auch.

sich / den Kunden informieren
sich / den Besucher melden/anmelden
sich / den Kollegen mit etwas beschäftigen
sich / die Mitarbeiter informieren

Dativ

Ich mache **mir** Gedanken über die Planung.
Hörst **du dir** die Nachrichten an?
Sie sieht **sich** den neuen James Bond im Kino an.
Über diese Frage sind **wir uns** nicht einig.
Bitte nehmt **euch** noch ein Glas Wein.

sich einen Bericht / Musik anhören
sich einen Film / ein Bild / die Stadt ansehen
sich über … Gedanken/Sorgen machen

Ich hole **mir** eine Tasse aus der Küche.
Dir hole **ich** auch eine Tasse.
Franz holt **sich** selbst eine Tasse.
Oder soll **ich ihm** auch eine holen?

ihm/sich eine Zeitung kaufen
dem Gast / sich eine Cola bestellen
der Dame / sich die Papiere holen

2 *wofür, worum, wo(r)…? – dafür, darum, da(r)…*

- Geht es in dem Artikel um Politik?
- Interessierst du dich für Politik?
- Machst du dir Gedanken über Politik?

▲ Ja, darum geht es auch.
▲ Ja, dafür interessiere ich mich sehr.
▲ Ja, darüber denke ich oft nach.

- Worum geht es in dem Artikel?
- Wofür interessierst du dich?
- Worüber machst du dir Gedanken?

▲ Um Politik.
▲ Für Politik.
▲ Über die Pläne der Regierung.

Wichtige Wörter und Wendungen

Zeitung und Zeitschriften

die Tageszeitung	der Artikel	die Politik
die Wochenzeitung	die Nachricht	die Wirtschaft
das Magazin	der Kommentar	die Lokalnachrichten
die Fachzeitschrift	die Reportage	das Feuilleton
die Online-Zeitung		das Vermischte
die Werkzeitung		

das Fernsehen

das Fernsehprogramm
die Sendung
die Nachrichten
der Spielfilm
der Dokumentarfilm
die Talkshow

Bemerkungen,	– Schade.	+/– Vielleicht gar nicht so schlecht!	+ Toll!
Kommentare	Ach du lieber Gott!	Das finde ich nicht so schlimm.	Klasse!
	Schlimm.	Komisch.	(Mein) Kompliment!

A **Zeitung, Fernsehen, Radio**

Was kann man sich ansehen, lesen, sich anhören? Ordnen Sie zu.

„die Nachrichten"   einen Kommentar

einen Film   sich ansehen   lesen   sich anhören   eine Nachricht

eine Reportage   einen Artikel   ein Magazin

B **Das Fernsehprogramm**

Was für Sendungen sind das? Wohin gehören die Titel A–R?

A Auslandsreport | B Die Schätze im Kölner Dom | C Europawahlen | D ~~heute~~ | E Im TGV von
Frankfurt nach Paris | F Kulturjournal | G Lindenstraße | H Nachtmagazin | I Naturpark
Nordsee | J Naturwunder Galapagos | K Oscar-Gala aus Hollywood | L Psycho | M SF Börse |
N Sturm der Liebe | O Tagesschau | P Tatort | Q Titel, Thesen, Temperamente | R Zeit im Bild

heute		

die Nachrichten | das Magazin | der Spielfilm | der Dokumentarfilm | die Reportage

C *sehen* und *hören*

a) Schreiben Sie das passende Verb in die Lücken.   sehen | zusehen | hinsehen | sich ansehen

● _Sieh_ mal, das Fernsehen bringt das Fußballspiel Österreich-Deutschland. Das möchte ich

_____.

▲ Nein, bitte kein Fußball! Gestern auf unserem Ausflug haben einige Kollegen Fußball gespielt.

Aber ich habe nur _____. Da gibt es immer Unfälle. Wenn ich das _____,

wird mir richtig übel. Ich kann fast nicht _____. Können wir uns nicht etwas anderes

_____?

b) Schreiben Sie das passende Verb in die Lücken.   hören | zuhören | hinhören | sich anhören

1 ● Ich habe dir doch gesagt, du sollst um zehn kommen und nicht um elf. Hast du das nicht _gehört_?

   ▲ Entschuldigung, das habe ich wirklich nicht _____.

   ● Du musst genau _____, wenn ich dir etwas sage. Oder hast du nicht _____?

2 Es gab eine heiße Diskussion. Aber ich habe nichts gesagt. Ich habe nur _____.

3 Ich habe _____, dass Franz Keppler versetzt wird. Stimmt das?

4 Sie sollen sich jetzt einen Dialog von der CD _____. Sie müssen genau _____,

damit Sie sagen können, was Sie _____ haben.

AB 43 **D** **Hören und sprechen**   ● *Ich habe mir das gekauft. Und ihr?*
                                            ▲ *Wir haben uns das auch gekauft.*

E **Wo steht das?**

In welchem Zeitungstext auf Seite 87 finden Sie die Aussagen a)–j)?

	In Text		
	1	2	3
a) Es gab in diesem Jahr weniger Krankmeldungen als in früheren Jahren.	✔	✔	
b) Die Mitarbeiter gehen weniger zum Arzt und kaufen eher Medikamente.			
c) Die Mitarbeiter fürchten, ihren Arbeitsplatz zu verlieren.			
d) Die Gesundheitsvorsorge ist besser als früher.			
e) Die Gesundheitsvorsorge ist nicht besser als früher.			
f) Der Vorgesetzte sieht es nicht gern, wenn die Mitarbeiter zum Arzt gehen.			
g) Früher sind die Mitarbeiter öfter zu Hause geblieben, obwohl sie nicht krank waren.			
h) Das zuständige Ministerium hat eine Statistik erstellt und bekannt gemacht.			
i) Viele Mitarbeiter haben Rückenschmerzen.			
j) Die Zahl der Arbeitsunfälle hat abgenommen.			

F **Zehn Sätze sind in Ordnung, zehn enthalten einen Fehler.**

Streichen Sie die fehlerhaften Sätze durch.

1 Er hat mich über die schlechte Beratung beschwert.   2 Macht euch keine Sorgen.

3 Er irrt dich.   4 Ärgere ihn nicht!   5 Ich wasche mir die Haare.

6 Ich freue euch darüber.   7 Darauf kannst du mich verlassen.

8 Ich nehme euch noch ein Glas Wein.   9 Wir hören uns einen interessanten Vortrag an.

10 Wir haben dir einen interessanten Film angesehen.   11 Hast du dich über ihn beschwert?

12 Ich habe uns ein interessantes Buch geholt.   13 Er freut mich.

14 Ich kümmere mich darum.   15 Hörst du dir den Vortrag an?

16 Theo hört ihm den Vortrag an.   17 Lisa hört ihm zu.   18 Kümmerst du uns darum?

19 Daran erinnere ich mich gut.   20 Wir haben euch vertippt.

G **Aussprache: Hier irrt sich wer.**

Wenn einer, der mit Mühe kaum
Gekrochen ist auf einen Baum,
Schon meint, dass er ein Vogel wär',
So irrt sich der.

(Wilhelm Busch,
Maler, Dichter,
Schriftsteller und
Comic-Zeichner,
1832–1908)

langsam und deutlich
→ *schneller werden*
→ *flüssig und deutlich*

H **Meinungen austauschen**

Beispiel: **Meinung:** *Man liest zu wenig Zeitung und sieht zu viel fern.*

Zustimmung: ● *Da stimme ich zu. Ich finde auch, dass man zu wenig Zeitung liest.*
Argument: *Die Zeitung informiert nämlich viel besser und zuverlässiger.*

Gegenmeinung: ▲ *Ich bin anderer Meinung. Ich finde nicht, dass man zu viel fernsieht.*
Argument: *Das Fernsehen ist nämlich viel schneller und bequemer.*

Tauschen Sie Meinungen aus: „Für aktuelle Themen ist das Internet die beste Informationsquelle."

Argumente dafür: Das Internet ist noch schneller als das Radio. | Das kann man immer und überall benutzen. | Das kostet wenig. | …

Argumente dagegen: Man hat nicht immer einen PC zur Hand. | Das Radio ist praktischer. | Im Internet muss man sich viel Werbung ansehen. | …

I   **Das Schwarze Brett**

a) Steht das am Schwarzen Brett der Firma C&T (Seite 88)? Tragen Sie *Ja* oder *Nein* ein.

1   C&T hatte einen Stand auf der Hannover Messe.
2   Beatrix Bolder geht in den Ruhestand.
3   In nächster Zeit findet die Betriebsrats-Wahl statt.
4   Die Zahl der Aufträge ist in den letzten Monaten gesunken.
5   Die Firma lädt alle Mitarbeiter zum Firmenjubiläum ein.
6   Die Personalabteilung bietet den Mitarbeitern Fortbildungen an.
7   Die Geschäftsführung führt eine Betriebsversammlung durch.
8   Konrad Korthaus übernimmt die Leitung der Entwicklungsabteilung.
9   Der Betriebsrat hat zweimal wöchentlich Sprechstunde.
10   Die Zahl der Reklamationen hat zugenommen.

b) Schreiben Sie *dass*-Sätze. Am Schwarzen Brett steht,

1   _dass C&T einen Stand auf der Hannover Messe hatte._
2   _____
3   _____
4   _____
5   _____

c) Korrigieren Sie. Am Schwarzen Brett steht nicht,

1   _dass Beatrix Bolder in den Ruhestand geht, sondern dass sie versetzt wird._
2   _____
3   _____
4   _____
5   _____

J   **Worum geht es? Ergänzen Sie die Dialoge.**

a) ● _Worum_ geht es in der Betriebsversammlung?

▲ _Um_ den Lärmschutz.

● Ach, _darum_ geht es.

b) ● _____ geht es in der Grafik links
unten?

▲ _____ die Zahl der Reklamationen.

● Ach, _____.

c) ● _____ lädt die Entwicklungsabteilung ein?

▲ _____ Verabschiedung des Kollegen.

● _____ sie ein.

d) ● _____ informiert die Personalabteilung?

▲ _____ die Fortbildungsangebote.

● _____.

e) ● _____ macht sich die Qualitätssicherung Sorgen?

▲ _____ die vielen Reklamationen.

● _____.

f) ● _____ wünscht die Geschäftsführung der Mitarbeiterin Glück?

▲ _____ ihrer neuen Aufgabe.

● _____.

K   **Hören und sprechen**   ● *Bist du an der Stelle interessiert?*
▲ *Oh ja, daran bin ich sehr interessiert.*

L *Schade. – Toll! – Na ja ...*

a) Welche Äußerungen passen zu den Aussagen 1–7?

Schade. | Vielleicht gar nicht so schlecht. | Toll! | Ach du lieber Gott! | Komisch. | Oh je! |
Mein Kompliment. | Schlimm. | Das finde ich nicht so schlimm. | Oh ja!

1 Die Verabredung morgen klappt nicht.   *Oh je!*

2 Für morgen haben sich 30 Besucher angemeldet.   _____

3 Ich habe die Prüfung mit der Note „sehr gut" bestanden.   _____

4 Wir müssen den Termin um zwei Tage verschieben.   _____

5 Interessierst du dich für die Stelle in Johannesburg?   _____

6 In der Fertigung ist ein schwerer Unfall passiert.   _____

7 Gerade hat es noch funktioniert, aber jetzt geht es nicht mehr.   _____

b) Sprechen Sie zu zweit.   ● *Die Verabredung morgen klappt nicht.*   ▲ *Oh je!*
　　　　　　　　　　　　　　　　　　 ● ...   ▲ ...

M **Zeitungen und Zeitschriften**

Schreiben Sie die richtige Bezeichnung über die Abbildungen.

Tageszeitung
Wochenzeitung
Nachrichtenmagazin
Illustrierte
~~Lokalzeitung~~
Werkzeitung
Fachzeitschrift

die Lokalzeitung

N **Wo finden Sie was in der Zeitung?**

In welchem Teil der Zeitung finden Sie die Überschriften?

A Politik
B Wirtschaft
C Lokalnachrichten
D Feuilleton
E Sport
F Vermischtes

Köln Marathon: Tausende am Start

Rückblick auf die Hannover Messe
Mit Zuversicht in die Zukunft

Jahreshauptversammlung des
Gesangvereins Harmonie

Hund beißt Postboten

Krankmeldungen
Auch in diesem Jahr rückläufig

Die Räuber Premiere am
Nationaltheater Mannheim

Fürstenhochzeit in St. Moritz

Elefantenhochzeit:
**Auto-Konzerne
suchen Zusammenarbeit**

**Nächste Olympische Spiele größer
und teurer als beim letzten Mal**

**Französischer Staatspräsident zu
Besuch in Bern, Wien und Berlin**

Arbeit ist nur (?) das halbe (?) Leben.

Ich würde gern ...
| mein Hobby pflegen
| Sport treiben
| Musik machen
| meine Sprachkenntnisse verbessern
Ich würde mich gern fortbilden

und dabei ...
| meinen Spaß haben.
| nette Leute kennenlernen.
| etwas für meine Gesundheit tun.
| meinen Horizont erweitern.
| meine Karrierechancen verbessern.

Ich würde mich gern fortbilden und mich dabei mit
interessanten Leuten unterhalten. Deshalb gehe ich / mache ich ...

1   **Da gehe ich hin.**
        Da mache ich mit.

S. 102 A

● Ich würde gern meine Sprachkenntnisse verbessern und dabei nette
  Leute kennenlernen. Deshalb mache ich einen Sprachkurs an der
  Volkshochschule. Und du?
▲ Ich ...

2, 22-28

2   **Wo befinden wir uns?**

S. 102 B

Hören Sie sich die sieben Szenen an und tragen Sie nach jeder Szene ein, wo wir uns befinden.
Vergleichen Sie zum Schluss Ihre Eintragungen.

Stammtisch | Lauftreff | ~~Lebensrettungskurs~~ | Schachclub | Gesangverein | Elternversammlung |
Filmclub

In Szene 1 befinden wir uns in einem _Lebensrettungskurs._

In Szene 2 befinden wir uns bei einem _____.

In Szene 3 befinden wir uns auf einer _____.

In Szene 4 befinden wir uns in einem _____.

In Szene 5 befinden wir uns in einem _____.

In Szene 6 befinden wir uns auf einem _____.

In Szene 7 befinden wir uns an einem _____.

● In Szene 5 befinden wir
  uns in einem Schachclub.
▲ Ich dachte, das ist ein
  Stammtisch. Komm, wir
  hören uns das noch
  einmal an.

3 Ein Mitmensch im Gesangverein

> *Ein Mitmensch will allein nicht sein,*
> *Wird Mitglied im Gesangverein.*
> *Dort wär' er gern die Nachtigall ...*
> *Und bleibt ein hoffnungsloser Fall.*

1 Warum tritt der Mitmensch in den Gesangverein ein?
2 Wie ist im Gedicht ausgedrückt, dass der Mitmensch gern ein guter Sänger wäre?
3 Wie ist im Gedicht ausgedrückt, dass aus dem Mitmenschen nie ein guter Sänger wird?
4 Wofür ist die Nachtigall bekannt und berühmt?
5 Gibt es in Ihrem Heimatland Nachtigallen?

Vielleicht haben Sie Lust, das Gedicht vorzulesen oder auswendig zu lernen und vorzutragen.

4 Carola und Nina: Ja, aber ...

`102 C`

a) Was schlägt Carola alles vor?
   Welche Gegenargumente hat Nina?

b) Machen Sie eine Stichwortliste mit Carolas Vorschlägen und Ninas Gegenargumenten.

- *Hast du heute schon etwas vor?*
- ▲ *Was soll ich denn vorhaben? Ich sitze immer zu Hause.*
- *Und warum machst du nicht etwas? Irgendwas.*
- ▲ *Was denn?*
- *Zum Beispiel einen Sprachkurs in der Volkshochschule.*
- ▲ *Ja, aber meine Aussprache ist so schlecht.*
- *Oder etwas Sportliches.*
- ▲ *Ja, aber bitte keinen Schwimmkurs. Ich kann nicht schwimmen.*
- *Komm doch in den Lebensrettungskurs. Wir retten dich.*
- ▲ *Ja, aber dann lachen alle über mich. Siehst du, du hast auch gelacht.*
- *Es gibt doch so nette Lauftreffs.*
- ▲ *Ja, aber ich habe keine Schuhe.*
- *Ich kenne einen Schachclub. Ich weiß noch, wie ich immer gegen dich verloren habe.*
- ▲ *Ja, aber ich bin aus der Übung.*
- *Du musst Interessen entwickeln. Ich gehe zum Beispiel morgen Abend in die Elternversammlung.*
- ▲ *Ja, aber ich habe doch keine Kinder.*
- *Klar, das war doch nur so ein Beispiel. Du singst doch gern. Gesangvereine suchen immer Leute.*
- ▲ *Ja, aber nicht Leute wie mich.*
- *Warte mal, siehst du hier: Germinal, Originalversion mit Untertiteln?*
- ▲ *Ja, aber das ist mir viel zu spät.*
- *Weißt du was, übermorgen habe ich meinen Frauenstammtisch. Da gehst du einfach mit.*
- ▲ *Ja, aber da kenne ich doch niemand. Nach der Arbeit will man ja auch mal zu Hause sitzen und seine Ruhe haben.*

`103 D` c) Spielen Sie das Gespräch von Carola mit Nina anhand Ihrer Stichwortliste.

d) Erzählen Sie: Was war mit Nina los? Was hat sie (nicht) gemacht?

> *Was sollte Nina schon vorhaben? Sie hat immer zu Hause gesessen.*
> *Sie hat keinen Sprachkurs in der VHS gemacht, weil...*

`Gr. S. 101, 2`

5 Oh, ja ...

`103 E` Drehen Sie die Gegenargumente von Nina um. Zum Beispiel so:

- *Es gibt doch so nette Lauftreffs.*
- ▲ ~~*Ja, aber ich habe keine Schuhe.*~~ → *Oh ja, ich habe ja noch Schuhe.*

`103 F` Spielen Sie den Dialog mit positiven Argumenten.

Betriebsrat		Personal

PE: Personalentwicklung	PV: Personalverwaltung

Sozialwesen: Karriere / Betriebskindergarten	Öffentlichkeitsarbeit

Betriebskindergärten haben wir, glaube ich, nicht. Aber wir haben betriebseigene Läden. Da können die Mitarbeiter günstig einkaufen.

6   Gute Betriebe bieten nicht nur gute Arbeitsplätze.

S. 104 G

Was wissen Sie von den Aktivitäten oben? Wie ist das in Ihrem Heimatland?

Bei uns gibt es auch Betriebsräte. Aber das ist ganz anders organisiert als in Deutschland.

2, 29-35   7   Wo befinden wir uns?

Hören Sie sich die sieben Szenen an und tragen Sie nach jeder Szene ein, wo wir uns befinden. Vergleichen Sie zum Schluss Ihre Eintragungen.

After-Work-Party | Betriebskindergarten | Betriebsarzt | Rückengymnastik | Stammtisch | Kantine | ~~Betriebsratssitzung~~

In Szene 1 befinden wir uns in einer _Betriebsratssitzung._

In Szene 2 befinden wir uns in einer _____.

In Szene 3 befinden wir uns bei einer _____.

In Szene 4 befinden wir uns an einem _____.

In Szene 5 befinden wir uns in einem _____.

In Szene 6 befinden wir uns auf einer _____.

In Szene 7 befinden wir uns beim _____.

● *In Szene 1 befinden wir uns in einer Betriebsratssitzung.*

▲ *Ich dachte, das ist ein Stammtisch. Komm, wir hören uns das noch einmal an.*

8   Der Chef weiß, wie es geht.

> *Das Arbeitsklima im Betrieb*
> *Ist jedem Mitarbeiter lieb.*
> *Auch unser Chef legt Wert darauf*
> *Und macht deshalb die Fenster auf.*

Vielleicht haben Sie Lust, das Gedicht zu lesen oder auswendig zu lernen und vorzutragen.

1   Was macht man normalerweise, damit das Betriebsklima besser wird?
2   Wie macht es der Chef?
3   Was würden Sie zur Verbesserung des Betriebsklimas tun?
4   Woran erkennt man ein gutes und woran erkennt man ein schlechtes Betriebsklima?
5   Was könnte Ihr Chef tun, wenn das Betriebsklima nicht so ist, wie es sein soll?

Gr. S. 101, 1

9   Sagen und schreiben Sie Ihre Meinung.

Thema:
Sind Beruf und Privatleben zwei Paar Schuhe oder gehören Sie zusammen?

Bauen Sie Ihre Stellungnahme so auf:

1. Einleitung:
   Interesse wecken

2. Hauptteil:
   Argumente

3. Schluss:
   Ihre Meinung

Ihre Themen:
Hat der Kunde wirklich immer recht? | Verliert oder gewinnt man Flexibilität durch Planung? | ...

Viele Berufstätige trennen ihr berufliches und ihr privates Leben. Sie führen zwei Leben. Das private Leben beginnt, wenn sie den Betrieb verlassen. Andere nehmen ihr Privatleben mit in den Betrieb und den Betrieb mit nach Hause. Was ist richtig?
Ich habe einen Kollegen, der nicht abschalten kann. Er sagt oft, dass er nachts nicht schlafen kann. Bei anderen entstehen familiäre Probleme, weil sie von nichts anderem mehr reden können als von der Arbeit. Ich kenne aber auch Leute, die es genau umgekehrt machen. Sie behalten Probleme, die es immer mal gibt, bei sich und teilen sie niemand mit. Sie haben oft wenig Freude an der Arbeit.
Ich glaube, in der Regel ist die Arbeit am Feierabend zu Ende. Aber es ist nicht schlimm, wenn man danach oder am Wochenende noch etwas Berufliches macht. Es ist auch nicht schlimm, wenn man bei der Arbeit mal privat telefoniert.

Gr. S. 101, 2

10   Gymnastik am Arbeitsplatz

a) Welche Übungs-anweisung passt zu welcher Abbildung?

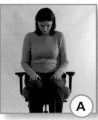 A   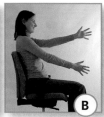 B    C    D   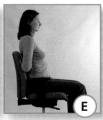 E

b) Zu einer Übungs-anweisung gibt es keine Abbildung. Welche ist das?

Machen Sie die Übung vor.

1   Beide Hände hinter dem Rücken übereinander legen.
2   Den Kopf nach rechts drehen und das Kinn anheben – einatmen.
3   Geradeaus schauen und den Kopf nach vorne beugen – ausatmen.
4   Den Kopf nach links drehen, dabei das Kinn anheben – einatmen.
5   Die Hände seitlich strecken und dabei eine Faust machen.
6   Die Hände nach vorne strecken und die Finger auseinander-spreizen.
7   Die Schultern nach vorne fallen lassen und dabei die Daumen nach innen drehen – ausatmen.
8   Die Arme nach hinten strecken und die Daumen dabei nach außen drehen – einatmen.

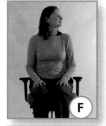 F

 G

11   Machen Sie mit!

Ja, machen Sie wirklich mit!

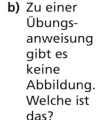

S. 105 L

Erfüllter Wunsch
*Ein Mitmensch wünschte sich so sehr
Mitmenschen ungefähr wie er.
Der Wunsch erfüllt sich, doch derweil
Wünscht er sich nun das Gegenteil.*

12   Leistungsanteil und Beziehungsanteil

Lesen Sie zuerst den kurzen Text. Sehen Sie sich dann die 12 Abbildungen oben an. Wie hoch ist jeweils der Beziehungs- und Leistungsanteil? Tragen Sie die restlichen Nummern in die Grafik ein.

Bei einer alltäglichen oder beruflichen Tätigkeit unterscheiden wir einen Leistungs- und einen Beziehungsanteil. Der Leistungsanteil umfasst Gesichtspunkte wie Stückzahl, Menge, Qualität. Der Beziehungsanteil umfasst Gesichtspunkte wie Zufriedenheit, Hilfsbereitschaft, Mitmenschlichkeit. In Arbeitsverträgen steht meistens nur etwas über den Leistungsanteil. Deshalb wird der Beziehungsanteil oft übersehen und vergessen.

	BEZIEHUNGSANTEIL	keiner	gering	mittel	hoch	sehr hoch
sehr hoch		④				
hoch						
mittel					⑨	⑧
gering						⑪
keiner						③

LEISTUNGSANTEIL

Vergleichen Sie Ihre Eintragungen, begründen Sie sie und diskutieren Sie darüber.

● *Ich meine, dass bei einem Lagerarbeiter der Leistungsanteil hoch und der Beziehungsanteil gering ist.*
▲ *Ja, aber ein Lagerarbeiter muss auch teamfähig sein. Ich würde sagen, der Beziehungsanteil ist mittel.*

13   Mal so, mal so.

2, 37–43

S. 105 M

Wie stellen sich Beziehungs- und Leistungsanteil in den sieben Kurzszenen dar? Sprechen Sie darüber im Kurs.

1 Die Nebensätze

Arbeitet er heute bei uns mit? Dann werden wir schnell fertig.

wenn

	Verb 2	Verb 1	Verb 1			Verb 2
Wenn er bei uns	mit	arbeitet,	können	wir heute fertig		werden.
		Wir	können	heute fertig		werden,	wenn er bei uns mitarbeitet.

weil/obwohl

	Verb 1		Verb 2				Verb 2	Verb 1
Wir	sind	heute fertig	geworden,	weil		er bei uns	mitgearbeitet	hat.
				Weil		er bei uns	mitgearbeitet	hat,	sind wir heute schnell ...
Wir	sind	nicht fertig	geworden,	obwohl		er bei uns	mitgearbeitet	hat.
				Obwohl		er bei uns	mitgearbeitet	hat,	sind wir nicht ...

damit/sonst

	Verb 1		Verb 2				Verb 2	Verb 1
Heute	muss	er bei uns	mitarbeiten,	damit	wir schnell fertig			werden.
			Damit	wir schnell fertig				werden,	muss er heute bei uns ...

	Verb 1		Verb 2			Verb 1		Verb 2
Heute	muss	er bei uns	mitarbeiten,	sonst	können	wir nicht schnell fertig		werden.

Infinitiv mit *zu*

	Verb 1		Verb 2			Verb 2	zu	Verb 1
Wir	haben	seine Mitarbeit	gebraucht,	um	schnell fertig		zu	werden.
	Um	schnell fertig					zu	werden,	haben wir seine ...

2 Das Partizip

ge	macht	(e)t	gemacht, gebraucht, geantwortet ...
ge	komm	en	gekommen, gefahren, gegangen, gelesen ...
–	produzier	t	produziert, buchstabiert, akzeptiert, ausprobiert ...
ent	wickel	t	entwickelt, bearbeitet, erledigt, übersetzt, versäumt ...
er	fahr	en	erfahren, behalten, enthalten, verstanden, übersehen ...
aus **ge**	schalt	(e)t	ausgeschaltet, angefragt, zugestimmt, vorgestellt ...
durch **ge**	les	en	durchgelesen, vorgetragen, zugenommen, zurückgefahren ...
	vorbereitet		

Wichtige Wörter und Wendungen

Wir befinden uns / sitzen / sind	in der Bibliothek. / in der U-Bahn. / in einer Besprechung.
Wir befinden uns / stehen / sind	am Bahnhof. / am Eingang. / noch ganz am Anfang.
Wir befinden uns / sitzen / sind	im Kino. / in Raum 4. / im Restaurant. / in einem Seminar.
Wir befinden uns / sitzen / sind	zu Hause.
Wir befinden uns / sind	auf der Straße. / auf der Messe. / auf der Rückfahrt.
Wir sind	bei Peter. / bei der Arbeit. / bei einem Kunden. / bei einem Thema.

A   Wer würde das auch gern?

Schreiben Sie wie im Beispiel.

mitspielen: *Peter spielt etwas. Da würde ich gern mitspielen. Würdet ihr nicht auch gern mitspielen? Herr Polak, spielen Sie auch mit?*

a) mitsingen: _Peter_ _____

_____

b) mitmachen: _Peter_ _____

_____

c) mitunterschreiben: _Peter_ _____

_____

d) mitarbeiten: _Peter_ _____

_____

B   Herr Bertram und Herr Tobler

Sehen Sie sich die beiden Texte genau an, bevor Sie mit dem Schreiben beginnen.

Herr Bertram, wir sind nicht in der Schubertstraße. Ich glaube, Sie haben sich geirrt. Wir müssen uns bei jemand nach der Schubertstraße erkundigen, oder wir bitten im Tourismusbüro um einen Stadtplan. Wofür entscheiden wir uns? Wir müssen uns einigen.

Herr Bertram, wir befinden uns nicht _____

_____

_____

_____

_____

Herr Tobler, wir sind nicht im _____

_____

_____

_____

_____

_____

Herr Tobler, wir befinden uns nicht im Programm Teco4. Ich glaube, da liegt ein Irrtum vor. Wir müssen jemand fragen, wo das Programm Teco4 ist, oder wir müssen uns im EDV-Zentrum ein Handbuch holen. Welche Entscheidung treffen wir? Wir brauchen eine gemeinsame Lösung.

C   Sind Sie auch der Meinung? Oder welcher Meinung sind Sie?

Es ist besser, ...

- Geld zu haben, wenn man keins braucht, als keins zu haben, wenn man welches braucht.
- ein Auto zu haben, wenn man gar nicht fahren will, als keins zu haben, wenn man eins braucht.
- Zeit zu haben, wenn man kein Geld hat, als Geld zu haben, wenn man keine Zeit hat.
- laut zu schweigen, als leise zu sprechen.
- nichts zu sagen, wenn man etwas weiß, als nichts zu wissen, wenn man etwas sagt.
- alles zu wissen, was man sagt, als alles zu sagen, was man weiß.

Sagen Sie – und schreiben Sie vielleicht –, was Ihrer Meinung nach außerdem noch besser als was ist.

D Hören und sprechen

a) • *Für einen Waldlauf braucht man gute Schuhe.*   b) • *Mit diesen Schuhen geht es.*
   ▲ *Ich habe aber keine guten Schuhe.*   ▲ *Ohne diese Schuhe geht es auch.*

E Nebensätze

Schreiben Sie wie im Beispiel: Geht Nina öfter aus? Dann kommt sie unter Leute.

Wenn Nina öfter ausgeht, kommt sie unter Leute.
Nina kommt unter Leute, wenn sie öfter ausgeht.
Nina muss öfter ausgehen, damit sie unter Leute kommt.
Nina muss öfter ausgehen, sonst kommt sie nicht unter Leute.
Nina kommt unter Leute, weil sie öfter ausgeht.
Nina kommt nicht unter Leute, obwohl sie öfter ausgeht.
Nina muss öfter ausgehen, um unter Leute zu kommen.

Gr. S. 101, 1

Macht Nina einen VHS-Kurs? Dann verbessert sie ihre Sprachkenntnisse.

_____
_____
_____
_____
_____
_____
_____
_____

F Textbausteine

a) Geben Sie einen guten Rat, indem Sie „positive" Bausteine verwenden.

Ein-leitung	• Du, Dirk, so geht es mit dir nicht weiter. • Du, Dirk, ich hätte eine prima Idee für dich. • Du, Dirk, sei doch etwas kontaktfreudiger.	*Du, Dirk,* _____
Vor-schlag	• Geh doch mal abends öfter aus, • Such dir doch ein schönes Hobby, • Mach doch etwas, was dich wirklich interessiert,	
Begrün-dung	• sonst macht das Leben keinen Spaß. • damit du nette Leute kennenlernst. • damit du nicht so allein bist.	
Schluss	• Da muss etwas passieren. • Ich glaube, das würde dir richtig guttun. • Lass dich nicht so hängen.	

b) Schreiben Sie noch einen guten Rat: Sonia hat in letzter Zeit stark zugenommen.

Du, Sonia, _____
_____
_____

G   **Nehmen Sie das Verb oder nehmen Sie das Nomen.**

Das wird in Deutschland ganz anders organisiert. – Die Organisation ist in Deutschland ganz anders.

a) Das ist mit Herrn Brantic ganz anders vereinbart.

_____

b) _____

Die Vorbereitung ist in unserem Betrieb ganz anders.

c) Das wird bei uns immer anders durchgeführt als geplant.

_____

d) _____

Die Darstellung ist bei uns ganz anders als in meiner früheren Firma.

e) Das läuft bei uns ganz anders ab als in anderen Branchen.

_____

H   **Umgekehrt?**

Tragen Sie J ein für „Ja" oder N für „Nein" oder V für „Vielleicht".

	Kann man	Soll man
	das umgekehrt machen?	
a) Zuerst einkaufen und dann den Einkaufszettel schreiben.		
b) Zuerst essen und dann bezahlen.		
c) Zuerst bezahlen und dann einkaufen.		
d) Zuerst heiraten und sich dann verlieben.		
e) Zuerst zu Mittag essen und dann frühstücken.		
f) Zuerst die Prüfung machen und dann lernen.		
g) Sich zuerst den Text anhören und sich dann die Aufgaben ansehen.		

I   **Der menschliche Körper**

a) Beschriften Sie die Abbildung.
b) Welche Körperteile gibt es doppelt?
c) Welche Körperteile gibt es doppelt, man sieht sie
    auf der Abbildung aber nur einfach?
d) Welche Körperteile gibt es öfter als doppelt?
e) Welche Körperteile sind gestreckt oder gebeugt?
f) Welche Körperteile sind nicht abgebildet?

der Kopf | das Haar | das Auge | die Nase |
der Mund | der Zahn | das Kinn | das Ohr |
der Hals | der Nacken | die Schulter |
der Arm | die Hand | der Finger |
 die Brust | der Rücken | der Daumen |
der Bauch | ~~die Hüfte~~ | das Bein |
das Knie | der Oberschenkel |
der Unterschenkel | der Fuß |
die Ferse | der Zeh

die Hüfte

J *bevor, seit, nachdem, solange, wenn, bis, während:* **Schreiben Sie.**

Sehen Sie sich die Texte links oben und rechts unten genau an, bevor Sie mit dem Schreiben beginnen.

Herr Kuhnert ist krank. Vorher war alles in Ordnung. Aber jetzt liegt er im Krankenhaus, und die Arbeit wächst uns über den Kopf. Ich bin jetzt etwas optimistischer als gestern: Lena hat heute ihren Urlaub verschoben. Aber ohne Herrn Kuhnert können wir die Arbeit nicht schaffen. Entweder er ist nächste Woche wieder da, oder wir kommen in eine ganz schwierige Lage. Wir stecken bis über beide Ohren in Schwierigkeiten und die anderen nehmen es auf die leichte Schulter.

Bevor _____

_____

_____

_____

_____

_____

_____

Die Bürola ist kaputt. Vorher _____

_____

_____

_____

_____

_____

Bevor die Bürola kaputtging, war alles in Ordnung. Aber seit sie in Reparatur ist, wachsen uns die Aufträge über den Kopf. Nachdem wir gestern eine andere Maschine bekommen haben, bin ich etwas optimistischer. Aber solange die Bürola fehlt, können wir die Aufträge nicht schaffen. Wenn die Bürola bis nächste Woche nicht wieder im Einsatz ist, stehen wir mit dem Rücken zur Wand. Während wir nicht mehr aus noch ein wissen, nehmen die anderen das alles nicht so ernst.

K **Simsalabim. Schwere Texte werden leicht.**

Welche Teile im Gespräch links entsprechen den markierten Teilen [1]–[10] im Text rechts?

Lore (L), Winfried (W)

W: Du, Lore, soll ich dir am Samstagvormittag beim Umzug helfen?

L: Oh, Winfried, das wäre toll.

W: Hör mal, du fährst doch am 12. mit dem Auto nach Hamburg. Kann ich da mitfahren?

L: Ja, sehr gern. Ich hätte Platz. Aber hilfst du mir auch am Samstag?

Lore zu Lauritz:

Du, Lauritz, Winfried hat mir beim Umzug geholfen. Ich musste ihn dafür nur im Auto nach Hamburg mitnehmen. Ist das nicht toll?

Winfried zu Saskia:

Du, Saskia, Lore hat mich im Auto nach Hamburg mitgenommen. Ich musste ihr dafür nur beim Umzug helfen. Ist das nicht toll?

Jede menschliche Tätigkeit kann man als einen Leistungsaustausch definieren. Ein Partner bietet dem anderen eine Leistung an[1] und fordert eine Gegenleistung von ihm[2]. Wenn sie sich einigen, kommt es zum Leistungsaustausch. Der eine Partner übergibt eine Ware oder erbringt eine Dienstleistung, der andere nimmt sie an und erbringt eine Gegenleistung[3]. Nehmen wir als Beispiel einen Bäcker, der ein Brötchen[4] für 40 Cent[5] zum Kauf anbietet. Der Bäcker handelt als Anbieter. Er macht sein Angebot so, dass er mit 40 Cent seine Kosten deckt[6] und noch einen Gewinn erzielt[7]. Der Kunde kauft, weil er das Brötchen für wertvoller hält als die 40 Cent[8], die es kostet. Die beiden Partner interpretieren das Geschäft unterschiedlich und beide halten es für vorteilhaft[9]. Diese unterschiedliche Interpretation[10] ist die Voraussetzung für das Zustandekommen des Geschäftes.

L **Mal so, mal so.**

Warum macht es Herr Kronau jedes Mal anders?

Der folgende Test entspricht in Form, Umfang und Inhalt der Prüfung *telc Deutsch A2+ Beruf* . Er verlangt mindestens Kenntnisse auf der Stufe A2 des Gemeinsamen Europäischen Referenzrahmens. Die haben Sie nach Abschluss von *AB&C* Band 4 (A2/2).

Lesen

A

Büromöbelhersteller und Direktvertrieb

- Büromöbel und -stühle
- Theken und Trennwände
- Konferenzanlagen
- Messebau

sucht Berater/Beraterinnen im Innen- und Außendienst auf Provisionsbasis, mit Festgehalt oder Kombi-Einkommen. Interessenten mit einschlägiger Berufserfahrung schicken ihre Bewerbung an: personal@dressler.com

1. Sie suchen eine Stelle als Bürokaufmann/ Bürokauffrau. Welche Zeitungsanzeige passt? Kreuzen Sie A, B oder C an.

B ***Inventa*** privates
Berufsbildungs-Institut
Seit mehr als 50 Jahren bilden wir erfolgreich aus in den Bereichen
- Sekretariat
- kaufmännische Berufe
- technische Assistenten/Assistentinnen
- EDV
Fordern Sie unsere umfangreichen Unterlagen an oder besuchen Sie *www.inventa.stutttgart.de*

C Führender Zulieferer der Automobilindustrie sucht für das Sekretariatsteam der Geschäftsführung eine(n) erfahrene(n), teamfähige(n)

Mitarbeiter/-in

mit sicherem Auftreten, sehr guten Deutschkenntnissen in Wort und Schrift sowie mit sehr guten Arbeitszeugnissen und Referenzen. Wir bieten: interessante Tätigkeit in einem kompetenten Team, überdurchschnittliches Gehalt und gute Sozialleistungen. Interessiert? Rufen Sie unseren Herrn Sundermeier, 04164-2382-411, an.

Lesen Sie die nebenstehenden Texte und die Aufgaben dazu. Welche Lösung (A, B oder C) passt?

Fax-Nachricht
von: Permacor, Einkauf, E. Zeisig
an: Büromarkt Nehrlinger
Betr.: Ihre Lieferung vom 14.11.

Sehr geehrte Frau Grüner,

die o. g. Lieferung haben wir erhalten und bestätigen Ihnen hiermit den Eingang. Allerdings mussten wir feststellen, dass Sie die bestellten und auf dem Lieferschein verzeichneten Tonerkartuschen nicht geliefert haben. Wir überweisen den gesamten Rechnungsbetrag nach Lieferung der fehlenden Kartuschen.

MfG
Emilie Zeisig
Einkauf

2. Die Lieferung
   A ist nicht pünktlich angekommen.
   B ist nicht angekommen.
   C ist nicht vollständig angekommen.

3. Der Kunde will
   A nicht sofort zahlen.
   B nicht zahlen.
   C nur einen Teilbetrag zahlen.

Sehr geehrte Frau Schiller,

heute musste ich den Arzt wegen hohen Fiebers aufsuchen. Er hat mich krankgeschrieben und mir eine Woche Bettruhe verordnet. Deshalb kann ich an der morgigen Besprechung leider nicht teilnehmen. Ich hoffe, dass ich am kommenden Mittwoch wieder im Büro bin. Ich bitte Sie um Verständnis.

Mit freundlichen Grüßen
Carlo Schütz

4. Herr Schütz
   A verschiebt einen Termin.
   B sagt einen Termin ab.
   C nimmt einen Termin wahr.

Unser Werk Personalnachrichten

Herr Beat Steinberger, bisher zuständig für die Auftragsabwicklung im Werk Bochum, übernimmt ab nächsten Monat die Leitung des Controlling in unserer neuen Niederlassung Brüssel. Diese anspruchsvolle Aufgabe verlangt viel Sachkenntnis und Energie. Wir wünschen unserem Kollegen viel Erfolg im neuen Tätigkeitsbereich.

5. Herr Steinberger
   A wird versetzt.
   B geht in den Ruhestand.
   C wechselt die Firma.

6. Das Schreiben ist
   A eine Auftragsbestätigung.
   B eine Anfrage.
   C ein Angebot.

7. Das Hotel liegt eher
   A in der Nähe des Bahnhofs.
   B am Stadtrand.
   C weit entfernt von der Messe.

8. Das Zimmer wird gebraucht
   A für einige erholsame Tage.
   B wegen der Südwestmesse.
   C für eine Konferenz.

9. Frau Brüll wollte
   A ein Comfort-Zimmer buchen.
     Das klappt.
   B ein Comfort-Zimmer buchen.
     Das klappt nicht.
   C ein Business-Zimmer buchen.
     Das klappt nicht.

10. Internetanschluss gibt es
    A auch im Comfort-Zimmer.
    B im Comfort-Zimmer nur
      gegen eine Gebühr.
    C im Comfort-Zimmer nicht.

Hotel Continental

Alexanderstr. 134
78713 Villingen-Schwenningen
Fon/Fax: 07421/476218

Andernach & Söhne
Frau Brüll
Kölner Str. 55
60438 Bonn

Sehr geehrte Frau Brüll,

vielen Dank für Ihre Anfrage vom 10.05. Gern bieten wir Ihrem Geschäftsführer während der Südwestmesse die besten Bedingungen für einen angenehmen Aufenthalt.

Unser Haus liegt verkehrsgünstig in der Nähe der Messe und trotzdem in
ruhiger, erholsamer Umgebung für einen kleinen Spaziergang oder einen
Waldlauf nach der Arbeit.

Unsere Business-Zimmer sind allerdings leider für den Zeitraum der Südwestmesse ausgebucht. Wir können Ihnen aber noch eins unserer geräumigen
Comfort-Zimmer anbieten. Sie besitzen Balkon mit Blick auf den Hotelgarten.
Sie verfügen über einen großen Schreibtisch, WLAN-Anschluss und eine
komfortable Sitzecke. So bieten sie alles für einen angenehmen Aufenthalt
und für effizientes Arbeiten.

Unser Messepreis ist 120 Euro inkl. Frühstück, mit Halbpension 140 Euro, mit
Benutzung aller unserer Angebote wie Sauna, Fitness-Raum usw. 150 Euro.

Wir würden uns freuen, wenn wir Ihren Herrn Schröder in unserem Haus als
Gast empfangen könnten, und verbleiben

mit freundlichen Grüßen

P. Holsten
Paula Holsten

11. Vom Bewerber wird
    A Berufserfahrung erwartet.
    B Flexibilität erwartet.
    C gutes Deutsch erwartet.

12. Die Bewerberin hat
    A noch keine Berufserfahrung.
    B mehrere Jahre Berufserfahrung.
    C nur wenig Berufserfahrung.

13. Sie sucht eine Stelle, weil sie
    A ihre alte Stelle verloren hat.
    B mehr verdienen möchte.
    C demnächst umzieht.

Sehr geehrte Damen und Herren,

mit Interesse habe ich Ihr Stellenangebot in der Süddeutschen Zeitung
gelesen. Sie suchen eine engagierte Mitarbeiterin, die gut Französisch spricht.
Sie legen Wert auf Berufserfahrung. Sie erwarten, dass Ihre neue Mitarbeiterin
das Programm START beherrscht.

Ich habe sechs Semester Englisch und Französisch studiert, mich aber dann
zu einer Ausbildung als Reiseverkehrskauffrau entschlossen. Seit vier Jahren
arbeite ich bei einem bekannten Reiseveranstalter und bin dort vorwiegend für
Clubreisen zuständig.

Da ich aus familiären Gründen umziehe, muss ich mich nach einer anderen
Stelle am neuen Wohnort umsehen. Über eine neue berufliche Aufgabe in
Ihrem Unternehmen würde ich mich freuen.

14. Der Kundendienst
    A muss noch einmal kommen.
    B war noch nicht da.
    C braucht nicht mehr zu kommen.

15. Die Maschinen
    A funktionieren einwandfrei.
    B funktionieren nur zum Teil.
    C funktionieren nicht.

Von: Bremer@c&t.eu
An: service@colmar.au

Sehr geehrte Damen und Herren,

gestern war Ihr Kundendienst bei uns und hat wie vereinbart alle Ein-
stellungen an unseren Hydraulik-Stanzen überprüft. Einige Maschinen
wurden gewartet, an anderen wurden Teile ausgetauscht. Wir mussten
aber feststellen, dass zwei Maschinen immer noch Mängel aufweisen.
Inzwischen können wir unsere Liefertermine nicht mehr einhalten. Wir
bitten Sie deshalb dringend um erneute Überprüfung und zuverlässige
Instandsetzung. Wir erwarten Ihren Kundendienst noch heute.
In Erwartung Ihrer baldigen Antwort

Harald Bremer

Punkte: _____ von 15

Strukturen/Wortschatz

Was gehört in die Lücken?
Kreuzen Sie A, B oder C an.

16. A Ihren   17. A aber
    B Ihre   B sondern
    C Ihr   C auch

18. A uns   19. A damit
    B Ihnen   B deshalb
    C euch   C wenn

20. A versichert haben
    B versichern
    C versichert sind

C&T Praktikumsprogramm für Studenten
Merkblatt

- Schicken Sie uns ___16___ Bewerbungsunterlagen spätestens drei Monate vor Praktikumsbeginn.

- Geben Sie den genauen Zeitpunkt für Ihr Praktikum an (also nicht: Mitte März bis Ende Mai, ___17___: vom 15. März bis 31. Mai).

- Nennen Sie ___18___ die Schwerpunkte Ihrer Ausbildung und Ihre Wünsche für das Praktikum.

- Sorgen Sie für Ihren Versicherungsschutz, ___19___ Sie während des Praktikums gegen Krankheit und Unfall ___20___.

---

21. A fragen   22. A Briefe
    B danken   B Besprechungen
    C sorgen   C Unterlagen

23. A gebeten   24. A letzten
    B gefragt   B besten
    C gesprochen   C nächsten

25. A versucht
    B unterhält
    C vereinbart

Sehr geehrter Herr Krull,

nochmals möchten wir Ihnen für Ihren Besuch unseres Standes auf der Hannover Messe ___21___. Anliegend senden wir Ihnen weitere ___22___, die für Sie interessant sind.

Im Gespräch mit unseren Fachberatern haben Sie auch um einen Gesprächstermin ___23___. Unsere Frau Kohlbecker kann Sie in der ___24___ Woche besuchen. In den nächsten Tagen ruft sie bei Ihnen an und ___25___ einen Termin mit Ihnen.

Mit freundlichen Grüßen
Doelle
C&T, Vertrieb

Punkte: ___ von 10

Hören

CD 2
44-46

Teil 1

Sie hören ein Gespräch zwischen mehreren Geschäftspartnern. Kommen die Aussagen 26–40 im Gespräch vor? Markieren Sie + für *ja*, markieren Sie – für *nein*.

Lesen Sie die Aussagen 26–30 und hören Sie dann den 1. Abschnitt.

26. Herr Steiner empfängt einen Gast.
27. Herr Li kommt mit dem Zug.
28. Herr Li hat sich verspätet.
29. Herr Li richtet Grüße von seinem Vorgesetzten aus.
30. Herr Li reist morgen wieder ab.

Lesen Sie die Aussagen 31–35 und hören Sie dann den 2. Abschnitt.

31. Herr Li kauft in der Schweiz Zulieferteile ein.
32. Sin-Export hat Kunden in Amerika.
33. Herr Li und Herr Steiner diskutieren die Preise.
34. Herr Steiner will keine großen Mengen abnehmen.
35. Sino-Tec findet regelmäßige Lieferung am besten.

Lesen Sie die Aussagen 36–40 und hören Sie dann den 3. Abschnitt.

36. Herr Steiner begleitet Herrn Li zur Bank.
37. Es geht um einen Kredit von 10 Millionen Schweizer Franken.
38. Die Bank muss sich Herrn Lis Anliegen noch einmal überlegen.
39. Das Gespräch war erfolgreich.
40. Sin-Export bekommt das Geld im kommenden Jahr.

Hören Sie jetzt das ganze Gespräch noch einmal und überprüfen Sie Ihre Lösungen.

Teil 2

Sie hören die Aussagen von fünf Mitarbeitern über das Betriebsklima. Was meinen die Mitarbeiter? Kreuzen Sie A, B oder C an.

41. Frau Mertl findet, dass
    A die Arbeitsbedingungen sehr gut sind.
    B die Arbeit hektisch ist.
    C die Mitarbeiterinnen sehr nett sind.

42. Im Versuchslabor
    A ist saubere Handarbeit wichtig.
    B fehlt Personal.
    C klappt die Zusammenarbeit.

43. Antje Breier meint, dass
    A das Klima im Vertrieb besser wird.
    B das Klima im Vertrieb nicht so gut ist.
    C das Klima im Vertrieb kundenfreundlich ist.

44. Herr Kaufmann kritisiert
    A die Abteilungsleitung.
    B die Qualifikation der Mitarbeiter .
    C die schlechten Projekte.

45. Peter Köhler
    A gefällt es jetzt besser als früher.
    B gefällt es jetzt so gut wie im 1. Lehrjahr.
    C hat es im 1. Lehrjahr besser gefallen.

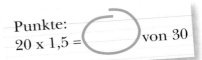

Punkte:
20 x 1,5 =   von 30

Schreiben

Teil 1

Ein Kunde schickt Ihnen die nebenstehende Nachricht. Schreiben Sie eine kurze Antwort.

- Dank für die Nachricht, Bedauern
- Grund für den Irrtum
- Korrektur des Irrtums – wann und wie?

Vergessen Sie nicht die Anrede am Anfang und den Gruß am Ende.

Fax-Nachricht

von: Permacor, Einkauf, E. Zeisig
an: Büromarkt Nehrlinger
Betr.: Ihre Lieferung vom 05.08.

Sehr geehrter Herr Nehrlinger,

die o. g. Lieferung haben wir erhalten und bestätigen Ihnen hiermit den Eingang. Allerdings haben Sie irrtümlich 10 Kartons mit 7,5 cm Rückenbreite geliefert. Wir haben je 5 Kartons mit Rückenbreite 5 und 7,5 cm bestellt. Wir bitten um korrekte Nachlieferung.

MfG
Emilie Zeisig
Einkauf

Teil 2

Schreiben Sie eine kurze Antwort auf die E-Mail unten. Schreiben Sie,

- warum Sie noch nicht geschrieben haben,
- wo/wie Sie wohnen,
- wie es am Arbeitsplatz / in ihrer Ausbildung ist.

Punkte:
3 x 2,5 =   von 7,5

Hallo Nicolas,

jetzt bist Du schon vier Wochen in Deutschland, und wir haben noch nichts von Dir gehört! Wie geht's und was machst Du? Melde Dich mal.

Gruß Ingrid

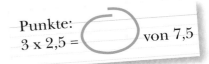

Punkte:
3 x 2,5 =   von 7,5

Sprechen

Teil 1: Über sich sprechen (4 Minuten)

Stellen Sie sich vor und sprechen Sie über sich.

- Name
- Ausbildung
- Herkunft
- Familie
- Wohnort
- Berufstätigkeit
- Alter
- …

Punkte: _____ von 6

Teil 2: Über einen Beruf sprechen (5–6 Minuten)

Entscheiden Sie, über welchen Beruf Sie sprechen wollen. Sprechen Sie
mit Ihrem Partner darüber. Die folgenden Punkte sollen Ihnen helfen.

- Firma
- Abteilung
- Branche
- Arbeitsplatz
- Arbeitsmittel
- tägliche Aufgaben
- Mitarbeiter, Kollegen
- …

Punkte: _____ von 12

Teil 3: Etwas vereinbaren (5–6 Minuten)

Sie und Ihr Partner / Ihre Partnerin wollen ein Wochenend-Seminar für Ihr fünfköpfiges Arbeitsteam
vorbereiten. Dafür haben Sie 2000 Euro zur Verfügung. Einigen Sie sich auf einen Vorschlag.
Bedenken Sie dabei:

- Tagungsort
- Tagungsstätte
- Unterkunft
- Verpflegung
- Pausengetränke
- Anreise
- Abendprogramm
- …

Welche Punkte sind Ihnen wichtig? Wie viel wollen Sie wofür ausgeben? Begründen Sie Ihre Vorschläge
und stimmen Sie sie mit den Vorschlägen Ihres Partners / Ihrer Partnerin ab.

Punkte: _____ von 12

Gesamtergebnis: _____ von 100

A

ab: ab sofort 72
ab: ab und zu 86
ab.bilden A 104
Abbildung die -en 47, 76, 99
ab.brechen A, bricht ab,
    brach ab, hat abgebrochen:
    eine Arbeit / einen Kurs
    abbrechen 87
ab.buchen A 47, 55
Abbuchung die -en 46
Abend: zu Abend essen 37
abends 16
Abenteuer das - 10, 86
Abgas das -e 9
ab.geben, gibt ab, gab ab,
    hat abgegeben: eine Ar-
    beit / eine Stellungnahme
    abgeben 49, 50, 89
abhängig von D 75
ab.heben A, hebt ab, hob ab,
    hat abgehoben 53
Abitur das 67, 72, 73
ab.kürzen A 75
Abkürzung die -en 30
Ablauf der Abläufe 19, 59,
    65, 67
ab.laufen, läuft ab, lief ab,
    ist abgelaufen 104
Abnahme die -n: die Abnahme
    der Unfälle 87
ab.nehmen, nimmt ab, nahm
    ab, hat abgenommen: Die
    Unfälle haben abgenom-
    men. 87
ab.räumen: den Tisch abräu-
    men 17
Absage die -n 39
ab.schalten: Er kann nicht
    abschalten. Er denkt im-
    mer an die Arbeit. 99
ab.schließen, schließt ab,
    schloss ab, hat abgeschlos-
    sen: einen Raum abschlie-
    ßen 38
ab.schließen, schließt ab,
    schloss ab, hat abgeschlossen:
    eine Lehre abschließen 67
Abschluss der Abschlüsse 67
Abschreckung die 85
Absicht die -en 12
absichtlich 73
Abstellkammer die -n 16
ab.stimmen A mit D 38
Abteilung die -en 18, 14, 24, 54
ab.trocknen: das Geschirr
    abtrocknen 17
Abweichung die -en 20
Abwicklung die 54
achten auf A 45, 70
Achtung: Alle Achtung! 20
Afrika 89
After-Work-Party die -s 98
Aktivität die -en 98
aktuell 47, 48, 86, 87
akzeptieren A 7, 10
alle: alle zwei Tage 17
Alleskönner/in der/die -/-nen
    82, 83
allgemein 55
Alltag der -e 99
alltäglich 100

Alpen (Plural) 60
als (Konj.) 80
Aluminium das 46
amerikanisch 7
Analyse die -n 49, 50
an.bieten D A, bietet an, bot
    an, hat angeboten 62, 85,
    105
Anbieter/in der/die -/-nen 33,
    105
ändern A 87
ändern sich 90
Änderung die -en 42
Anfang der Anfänge 67
Anfänger/in der/die -/-nen 70
Anforderung die -en 47, 69 70
Anfrage die -n 9
an.fragen bei D 62
an.geben, gibt an, gab an,
    hat angegeben: seine per-
    sönlichen Daten angeben
    47, 87
angenehm 28
Angestellte der/die -n 57, 60
angloamerikanisch 55
Angreifer/in der/die -/-nen 85
Angriff der -e 85
anhand von D / G 97
an.heben A, hebt an, hob ab,
    hat angehoben 99
an.hören sich A 38, 83, 86
animieren A 70
Anlage die -n: die Produkti-
    onsanlage 16, 19, 38, 45
Anlass der Anlässe 16
an.liefern A 59
Anliegen das - 39
Anmeldung die -en 88, 94
Annahme die -n: Reklama-
    tionsannahme 38
an.nehmen A, nimmt an, nahm
    an, hat angenommen 105
an.nehmen, nimmt an, nahm
    an, hat angenommen:
    einen anderen Namen
    annehmen 12, 55
Anrede die -n 39
Anrufer/in der/die -/-nen 58
an.sagen A 44
Anschrift die -en 65
an.sehen A als A, sieht an,
    sah an, hat angesehen 65,
    86, 87, 88, 92, 93
ansehen sich A, sieht sich an,
    sah sich an, hat sich ange-
    sehen 46, 50, 77, 83
Ansichtskarte die -n 60
an.sprechen A, spricht an,
    sprach an, hat angespro-
    chen: Das Thema sprechen
    wir morgen an. 68
an.stellen: eine Vermutung
    anstellen 89
an.strengen sich 20
anstrengend 20
Anteil der -e 9, 100
Anteilnahme die 77
Anwesenheit die 10
Anweisung die -en 99
an.wenden A 50, 85
Anwesenheit die 10
an.ziehen sich, zieht sich an,
    zog sich an, hat sich ange-

zogen 16
Apotheke die -n 87
Apparat der -e: Wie finden
    Sie den Apparat? 69
arabisch 73
arbeiten für A 9
arbeiten mit D 9
Arbeitnehmer/in der/die -/-nen
    87
Arbeitsklima das 99
Arbeitsplatz der -plätze 87
Ärger der 33, 78, 82
ärgerlich 70, 78
ärgern sich über A 76, 77, 78
Argument das -e 47, 49, 97
arm 50, 73
Arm der -e 99, 104
Art die -en 46, 47, 64, 85
Art die -en: Versandart 64
Artikel der -: Elektroartikel/
    Zeitungsartikel 46, 89, 90
Arzthelferin die -nen 68
ärztlich 87
Atmung die 70
auf.bauen A 99
auf.drücken A 53
auffällig 85
auf.geben A, gibt auf, gab
    auf, hat aufgegeben: die
    Post abgeben 56, 57, 62, 63
auf.gehen, geht auf, ging auf,
    ist aufgegangen: das Fach
    ist nicht aufgegangen. 82
auf.hängen A 16, 22
auf.hören 70
aufmerksam: aufmerksam
    machen 80, 84
Aufmerksamkeit die 67
auf.montieren A 53
auf.nehmen, nimmt auf, nahm
    auf, hat aufgenommen:
    Kontakt aufnehmen 30
auf.passen 82
Aufpreis der -e 29
auf.pumpen A 53
auf.räumen: das Zimmer auf-
    räumen 17, 20, 23, 36
Aufräumplan der -pläne 7
Aufschieber/in der/die -/-nen 40
auf.schreiben A, schreibt auf,
    schrieb auf, hat aufge-
    schrieben 45, 55
auf.stehen, steht auf, stand
    auf, ist aufgestanden 22
auf.stellen A 85
auf.stellen: die Tagesordnung
    aufstellen 38, 45, 55
Aufstellung die -en: eine Auf-
    stellung machen 85
Auftrag: in Auftrag geben 30
auf.tragen, trägt auf, trug
    auf, hat aufgetragen:
    Klebstoff auftragen 53
Auftraggeber/in der/die -/-nen
    52
auf.treten, tritt auf, trat auf,
    ist aufgetreten: im Theater
    auftreten 33, 70
Auftritt der -e 88
auf.wachen, ist aufgewacht 22
Aufwärmphase die -n 75

auf.weisen A, weist auf, wies
    auf, hat aufgewiesen 29, 30
Augenblick der -e 52, 72
augenblicklich 69
Au-pair der/die -s 66, 67, 69
aus sein, ist aus, war aus, ist
    aus gewesen 39
aus.atmen 99
Ausbilder/in der/die -/-nen 70
Ausbildung die -en 66
Ausdruck der Ausdrücke:
    Der Ausdruck stammt aus
    der Berufssprache. 30
aus.drücken A 97
auseinander 99
auseinander.nehmen A,
    nimmt auseinander, nahm
    auseinander, hat auseinan-
    dergenommen 18, 19
Ausfall der Ausfälle 54
aus.fallen, fällt aus, fiel aus,
    ist ausgefallen 36, 42, 77
aus.geben, gibt aus, gab
    aus, hat ausgegeben: Geld
    ausgeben 75
aus.gehen, geht aus, ging
    aus, ist ausgegangen: Nina
    geht abends gern aus. 103
aus.gehen, geht aus, ging
    aus, ist ausgegangen: Wie
    ist die Sache ausgegangen?
    76, 77
ausgestattet mit D 27, 28, 29
aus.kennen sich mit D, kennt
    sich aus, kannte sich aus,
    hat sich ausgekannt 47
aus.kommen mit D, kommt
    aus, kam aus, ist ausge-
    kommen 6, 7, 12, 13
aus.laden A, lädt aus, lud
    aus, hat ausgeladen 59
Ausland das 43, 57, 63, 68, 92
Ausländer/in der/die -/-nen 75
ausländisch 75
aus.leihen A, leiht aus, lieh
    aus, hat ausgeliehen 37
aus.liefern A 65
Auslieferung die -en 19
aus.probieren A 82
aus.richten D A 58, 59
aus.ruhen sich 22
außen 99
Außenpolitik die 90
außer D 37
außer Haus/Betrieb 59, 80
außerdem 85, 102
äußern: seine Meinung äu-
    ßern 49, 50, 89
Äußerung die -en 6, 49, 50, 95
Aussprache die -n 97
Ausstattung die -en 27, 28,
    29, 52
aus.steigen, steigt aus, stieg
    aus, ist ausgestiegen 80
Ausstrahlung die 86
Austausch der 43, 105
aus.tauschen: Meinungen/Er-
    fahrungen austauschen 93
Auswahl die -en: drei Stück
    zur Auswahl 90
aus.wählen A 33
aus.weiten A 60

auswendig 97, 99
aus.zeichnen sich durch A 28, 29, 30
Auszeit die -en 10
Automat der -en 76, 82
automatisch 34
Autor/in der/die -/-nen 90

B

Bäcker/in der/die -/-nen 105
Bad das Bäder 16, 17, 20, 22, 72
baden 70
Bahn die 58, 64
Balkon der -e 16, 17, 22
Ball der Bälle: Fußball spielen 40
Banderole die -n 56
bar 46, 47, 52
Bargeld das 55
basteln 16
Bauch der Bäuche 70, 104
bauen A 20, 89
Baugruppe die -n 19
Baukasten der -kästen 59
Baum der Bäume 20
Baustein der -e 103
Bauteil das -e 19
beabsichtigen A 9, 15
beachten A 49, 50, 65
beanstanden A 79
Beanstandung die -en 79
beantworten A 9, 46
bedanken sich 80, 83
bedeuten A 45, 55
bedeutend 18
Bedeutung die -en 55
Bedienereinheit die -en 19
bedienerfreundlich 26, 33, 34
Bedingung die -en: Arbeitsbedingung 38, 54, 60, 63, 85
Bedingung: unter dieser Bedingung 49, 50
befestigen A 53
befinden sich WO, befindet sich, befand sich, hat sich befunden 10, 96, 98, 102
befragen A 17, 66
befürchten A 4, 80, 81, 84, 87
Befürchtung die -en 89
Begriff der -e 30
begründen A 29, 79, 85, 100
Begründung die -en 79
behalten, behält, behielt, hat behalten: Das kann ich im Kopf behalten. 12, 99
behalten, behält, behielt, hat behalten: Ich behalte das Gerät. 12, 72
behandeln A WIE 38
Behandlung die -en 87
beherrschen A 75, 85
Beherrschung die: Sprachbeherrschung 75
Beilage die -en: die Beilage zu einer Sendung 65
bei.legen A 65
Bein das -e 104
Bein: auf die Beine kommen 54
beinhalten A 45
beißen A, beißt, biss, hat gebissen 85, 95
bekannt 83, 89, 90, 97
Bekannte der/die -n 87
bekannt machen A 93

Bekleidung die 46
belasten A 55
Beleuchtung die -en 46, 52
belgisch 73
beliebt 55
bemühen sich um A 7, 12
benachrichtigen A 58, 59
benötigen A 19, 58
Benzin das 26
bequem 29, 47
Bequemlichkeit die 34
beraten A, berät, beriet, hat beraten 47
Berater/in der/die -/-nen 28, 29
Beratung die -en 27, 90
Bereich der -e 8, 14, 18, 28
Bereich der -e: Eingangsbereich 79
Bereifung die -en 46
bereit 58, 64
Bereitschaft die 10, 74, 75
bereit.stellen A 24, 38, 59, 65
berufstätig 13, 73
Berufstätige der/die -n 99
berühmt 83, 97
Beschaffung die 36
beschäftigen A 60
beschäftigen sich mit D 16, 79
beschäftigt 39
Bescheid: Bescheid wissen/ sagen 82
bescheiden 90
beschließen A, beschließt, beschloss, hat beschlossen 6
beschreiben A, beschreibt, beschrieb, hat beschrieben 27, 28
Beschreibung die -en 29, 34
beschriften A 104
Beschwerde die -n 79
Beschwerden (Plural) 87
beschweren sich über A 44, 76, 77, 78
besetzt: Das Telefon ist besetzt. 37, 43, 58, 64
besichtigen A 18
Besitzer/in der/die -/-nen 55
besondere_ 70, 73
besonders 10, 19
besorgen A 85
besprechen A, bespricht, besprach, hat besprochen: Das Buch wurde in einer Kritik besprochen. 90
Besserwisser/in der/die -/-nen 83
Bestätigung die -en 53
bestehen, besteht, bestand, hat bestanden: eine Prüfung bestehen 85
bestehen, besteht, bestand, hat bestanden: Es besteht eine gute Beziehung. 46, 55
bestehen aus D, besteht, bestand, hat bestanden 70, 80
Bestellmenge die -n 48
bestimmt: Das dauert bestimmt eine Woche. 47, 53, 55, 72
bestimmte_ 46

Bestimmung die -en: Für die Verpackung gibt es genaue Bestimmungen. 65
Besucher/in der/die -/-nen 16, 18, 20, 24
Betrachtung die -en 66
Betrag der Beträge 44
Betreff der 39, 89
betreuen A 68
Betreuung die 38, 68
Betrieb: außer Betrieb 80
betrieblich 70
betriebseigen 98
Betriebsklima das 99
Betriebsrat/rätin der/die -räte/ -rätinnen 9, 88, 94, 98
Betriebssystem das -e 35, 70
beugen A 94, 99, 104
Beute die 85
bevor (Gr. S. 41) 38, 39, 43, 44
bewegen sich 77
Beweglichkeit die 70
Bewegung die -en 70, 87
bewerben sich auf A, bewirbt sich, bewarb sich, hat sich beworben 74
Bewertung die -en 79
Bewirtung die 38, 45
Bezeichnung die -en 30, 65, 95
beziehen sich auf A, bezieht sich, bezog sich, hat sich bezogen 89
Beziehung die -en 6, 55, 100
beziehungsweise 90
bezweifeln A
Bier das 58
bieten D A, bietet, bot, hat geboten 29, 98
bilden A 10, 70, 87
bilden sich 70
Bildschirm der -e 35
Bildung die 90
bis (Gr. S. 41) 38, 72, 105
bisher 27, 88
bislang 90
Biss der -e 85
bisschen: ein bisschen 39
Bitte die -n 79
bitten A zu D, bittet, bat, hat gebeten: Ich bitte Sie zu Tisch. 87
blättern WO 90
blau: blaumachen 87
Blick der -e 66, 89
blind 84
BLZ (= Bankleitzahl) die 53
Bodenreiniger der - 79
Boom der 87
Börse die -n 86, 92
Böse das 86
Branche die -n 8, 9, 33, 104
brauchen nicht/erst/nur zu 36
breit 26, 27, 28
breit: eine breites Sortiment 33
Breite die 27, 57
Bremse die -n 46, 47, 52
Bremskabel das - 47
Brett das -er: das Schwarze Brett 88
Briefkasten der -kästen 60
brieflich 65
Briefmarke die -n 60

brillant 34
Brötchen das - 105
Bruder der Brüder 7, 12, 13
Brust die 104
Brut die 20
buchen A 52
Buchhaltung die -en 9, 15
Buchstabe der -n 74
bügeln 17
Bundeskanzler/in der/die -/-nen 90

C

ccm (= Kubikzentimeter) 28, 29
CD-Player der - 82
Chance die -n 7, 79, 89, 96
Charakter der -e 30
CHF (= Schweizer Franken) der 63
Club der -s 96, 97
Cockpit das -s 28
Comic der -s 90
Couplet das -s 33
Credit Card die -s 50

D

da(r)- (Gr. S. 91)
da sein für A, ist da, war da, ist da gewesen 7, 13
dabei 38, 50
dabei sein, ist, war, ist gewesen 37
dabei.haben A, hat dabei, hatte dabei, hat dabeigehabt 47
dafür 75
daher 60
damals 66, 87
damit (Gr. S. 61) 20, 58, 59
danach 37, 43, 48, 59, 87
Dank der 48, 67
daran 40
dar.stellen A 80
dar.stellen sich 100
Darstellung die -en 45, 104
darüber 39
dasselbe 90
Datum das 53
Dauer die 74
Daumen der - 37, 54, 99, 104
davor 37, 43
dazwischen.kommen, kommt dazwischen, kam dazwischen, ist dazwischengekommen 37
decken: die Kosten decken 105
defekt 76, 80
definieren A 105
Demonstration die -en 19
derweil 100
Detail das -s 40
deutschsprachig 55, 70
Diagnose die -n 76
Diagramm das -e 6, 7, 59
Dialog der -e 70
Diele die -n 16, 17, 22
Dienstleistung die -en 46, 52, 60, 62, 105
Diesel der 28, 29
Diktat das -e 72
diktieren A 72
Dipl.-Ing. (= Diplom-Ingenieur) 8, 14
Diplom das -e 70
Direktmarketing das 70

Diskussion die -en 44, 45, 87
diskutieren 39, 100
Dokument das -e 60
Dokumentarfilm der -e 86, 87, 92
Dom der -e 92
doppelt 87, 104
Dose die -n 58, 74
Drama das Dramen 86
drauf.machen A 53
drehen A 99
Dreiergruppe die -n 37
drin 90
dringend 58
drittens 19
Druckauftrag der -aufträge 90
drucken A 90
drücken: die Daumen drücken 54
Druckmaschine die -n 58
Druckstück das -e 65
durch.arbeiten: die Unterlagen durcharbeiten 44
durch.führen A 18, 23, 45, 49
Durchführung die 45
Durchgang der -gänge 80
durchschnittlich 10
Durchwahl die -en 9, 64
duschen 16, 22
dynamisch 20

E

eben: Das ist eben nicht egal. 87
Edelstahl der -stähle 33
effektiv 47
Ehe die -n 66
eher 40, 89
ehrlich 20
Eigenleistung die -en 52
eilig 40
einander 6, 39
ein.atmen 99
ein.bauen A 18, 19
Eindruck der Eindrücke: Ich habe den Eindruck, ... 48
ein.führen A 17
Einführung die -en: eine kleine Einführung geben 39
Eingang der -gänge: Hauseingang 78, 80
Eingang der -gänge: Zahlungs-/Post-/Auftragseingang 38, 88
eingehen, geht ein, ging ein, ist eingegangen: Das Geld geht ein. 47, 65
ein.halten, hält ein, hielt ein, hat eingehalten: einen Termin einhalten 77
Einheit die -en 49
einig: sich einig sein, sind sich einig, waren sich einig, sind sich einig gewesen 48, 49, 79, 84
einige_ 17, 55, 85
einigen sich auf A 86, 102
Einkaufswagen der -wagen/-wägen 87
ein.legen: eine CD einlegen 82
Einleitung die -en 39, 79, 99
ein.passen A 19
ein.räumen: das Zimmer einräumen 17

ein.richten: Ich richte die Maschine ein. 69
Einsatz der Einsätze: der Einsatz eines Geräts/Mitarbeiters 30, 68
ein.setzen A: Das kann man flexibel einsetzen. 70, 82
Einsicht die -en 88
eintönig 10
Eintragung die -en 78, 96, 98, 100
ein.treten, tritt ein, trat ein, ist eingetreten: in einen Verein eintreten 97
Eintrittskarte die -n 52, 65
Einverständnis das 48
Einwand der Einwände 48, 49
ein.werfen A, wirft ein, warf ein, hat eingeworfen 56, 57, 60, 62
ein.zahlen A 23
Einzel- 10, 18, 19, 24
Einzelheit die -en 24, 40, 77
einzige_ 20
Einzug der Einzüge: Einzugsermächtigung 46
Elefant der -en 85, 95
Elektriker/in der/die -/-nen 74
Elektromarkt der -märkte 32
Elektronik die 24
Elektroniker/in der/die -/-nen 74
Elektrorasierer der - 77
Element das -e 19
Emission die -en 9
Empfänger/in der/die -/-nen 57, 80
Empfehlung die -en 89
enden WIE 10, 90
Endmontage die -n 18
Energie die -n 26
energisch 85
englischsprachig 55
Enkel/in der/die -/-nen 12
entdecken A 85
Entfernung die -en 55
entgegen.kommen D, kommt entgegen, kam entgegen, ist entgegengekommen 49
Entgelt das -e 57
entladen A, entlädt, entlud, hat entladen 62
entscheiden sich für A, entscheidet sich, entschied sich, hat sich entschieden 9, 49, 50, 102
entsorgen A 74
entspannen sich 16, 22
Entspannung die 70
entspinnen sich, entspinnt sich, entspann sich, hat sich entsponnen 45
entsprechen D, entspricht, entsprach, hat entsprochen 105
entsprechend 65
entstehen, entsteht, entstand, ist entstanden 40, 99
Enttäuschung die -en 30
entweder: entweder ... oder 105
entwickeln A 18, 19, 97
Entwicklung die -en 10, 30, 55

erbringen A, erbringt, erbrachte, hat erbracht 105
Ereignis das -se 87
erfahren A von D, erfährt, erfuhr, hat erfahren 43
erfinden A, erfindet, erfand, hat erfunden 90
Erfolg der -e 67
erfolgreich 70, 78
erforderlich 45, 65
erfordern A 75
erfragen A 59
erfüllen: Bedingungen/Bitten/Wünsche 47, 60, 100
ergonomisch 28
ergreifen, ergreift, ergriff, hat ergriffen: das Wort ergreifen 45
erhalten A, erhält, erhielt, hat erhalten 84
erhöhen A 50
erinnern sich an A 84
erkennen A an D, erkennt, erkannte, hat erkannt 39, 84, 89, 99
Erklärung die -en 76
erkundigen sich nach D 42, 79, 84, 102
Erlebnis das -se 40
erledigen sich: Das hat sich erledigt. 40
Erledigung die 49
Ermächtigung die -en 46
ermöglichen A 10, 28, 29
ermüdungsfrei 28, 29
erneut 87
ernst: ernst nehmen 49
eröffnen A 60
erreichen A 58, 70, 80
Erreichte das 70
Ersatz der 37
Ersatzteil das -e 58
erschießen A, erschießt, erschoss, hat erschossen 73
ersetzen A 83
erstellen A 18, 93
Erstes: als Erstes 19, 59
erteilen: einen Auftrag erteilen 58, 65, 90
erwarten A 105
Erwartung die -en 49
erweitern A 60, 96
erzielen: ein Ergebnis / einen Gewinn erzielen 50, 105
Esszimmer das - 16
etwa: Hast dich etwa verfahren? 52
Europa 57, 60, 66
europäisch 30
Event das -s 44
eventuell 44, 53, 76, 84, 85
ewig 33
Ewigkeit die 90
exklusiv 34
Experiment das -e 73
experimentierfreudig 90
Experte/Expertin der/die -n/-nen 10, 87
Export der -e 67
Express: per Express 56, 57, 63, 66

extra 86
Extra- 90

F

Fach- 49, 70, 86, 95
Fach das Fächer: das Kassettenfach 82
Fähigkeit die -en 47
Fahrer/in der/die -/-nen 52
fahrerfreundlich 28
Fahrerhaus das -häuser 28, 29
Fahrkarte die -n 46
Fahrwerk das -e 28, 29
Fahrzeug das -e 19, 28, 36, 42
fair 33
Fall der Fälle 76, 77, 97
Fall: auf keinen Fall 40, 77
Fall: Das ist der Fall. 50
fallen, fällt, fiel, ist gefallen: Er fällt mit der Tür ins Haus. 75
fallen, fällt, fiel, ist gefallen: Die Temperatur fällt. 75
familiär 10, 69, 70, 90
familienfreundlich 10
Fanatiker/in der/die -/-nen 40
Farbe die -n 85
Färbung die -en 85
Faust die Fäuste 99
Feature das -s 45
Federgabel die -n 47
Fehlbetrag der -beträge 54
fehlende_ 37, 40, 79
fehlerhaft 19
fehlerlos 85
Feierabend der -e 99
Feiertag der -e 84
Feind/in der/die -e/-nen 85
Felge die -n 47
Fensterheber der - 77
Fensterscheibe die -n 77
Fernseh-: -apparat/-programm 26, 27, 87
fern.sehen, sieht fern, sah fern, hat ferngesehen 16, 17, 22, 86
Fernseher der - 47, 53, 77
Ferse die -n 104
fertig 58, 59
fertigen A 18, 19
Fest das -e 79
fest: ein fester Termin / eine feste Gewohnheit 17, 53
fest.halten, hält fest, hielt fest, hat festgehalten: Dieses Argument möchte ich festhalten. 48
fest.legen A 38
fest.legen sich 40
festlich 90
Festplatte die -n 35
fest.stehen, steht fest, stand fest, hat festgestanden 74
fest.stellen A 30, 37, 38
Feuilleton das -s 87, 90, 95
Filiale die -n 50, 87
finanziell 46, 47, 50, 52
Finger der - 99, 104
Fingerspitzengefühl das 70
Fitness die 70
fixe: eine fixe Idee 30
Flasche die -n 76, 79, 82
Fleisch das 30

flexibel 10, 82
Flexibilität die 40, 70, 99
flicken A 53
Flicken der - 53
fließen, fließt, floss, ist ge-
    flossen 70
Flucht die -en 85
Fluss der Flüsse 70
Fluss der: Alles ist in Fluss. 70
Folge die -n 89
Forderung die -en 49, 79
Formalität die -en 60
formell 22
formulieren A 29, 54
fort.bilden A 9
fort.bilden sich 96
Fortbildung die -en 9, 10, 66, 68
Fortschritt der -e 70, 75
Fortsetzung die -en 49
Fracht die -en 58, 60, 64
fragen sich A 72
Franken der - 63
frankieren A 56, 57, 62, 63,
frei.geben A, gibt frei, gab
    frei, hat freigegeben 73
fremd 86
Fremdsprache die -n 75
Freude die -n 78, 99
freuen A: Das freut mich. 48
freuen sich auf A 39, 73, 93
freuen sich über A 39, 76, 77,
    80, 83
Freundschaft die -en 90
froh 48, 49
frühere_ 104
frühmorgendlich 90
Frühsport der 16
frühstücken 104
fühlen sich WIE 85
fürchten A 85
führen zu D 85
führen: ein Doppelleben
    führen 99
führen: ein Gespräch führen
    64, 80
führend 24
Führerschein der -e 69
Fuhrpark der -s 28
Führung die -en 19
Führungskraft die -kräfte 68
Füllmenge die -n 26, 27
fünfjährige_ 72
Funktionsweise die -n 19
Furcht die vor 87
furchtbar: Es tut mir furcht-
    bar leid. 36
fürchten A 85, 93
fürchten sich vor D 87
Fürst/in der/die -en/-nen 95
Fußgänger/in der/die -/-nen 80
Fütterung die -en 20
G
g (= Gramm) 57
Gabelstapler der - 59
Gala die -s 92
Gang der Gänge: Das Fahrrad
    hat 27 Gänge. 46
Ganze das 39
ganzjährig 10
ganztags 10
Garantie die -n 9, 26, 27, 28
garantieren A 9, 33

Garderobe die -n 38
Garten der Gärten: zoologi-
    scher Garten 30
Gasthaus das -häuser 38
geb. (= geboren) 66, 73
Gebäude das - 67
gebeugt 67
gebrauchen A 64
gebraucht 46, 47
Gebühr die -en 47, 68, 69
gebührenfrei 47
Gecko der -s 86
Gedanke: sich Gedanken
    machen 87
Gedicht das -e 90, 99
geeignet 50
Gefahr die -en 40, 85
gefährlich 85
geformt 28
Gefriertruhe die -n 26
Gefühl das -e 50, 54, 70, 79
gegen: gegen Aufpreis 29
Gegenargument das -e 49, 97
Gegenleistung die -en 105
Gegenmeinung die -en 93
Gegenstand der -stände 65
Gegenteil das -e 50, 87, 100
Gehalt das Gehälter 15
gehören zu D 9, 69
geht um A, geht, ging, ist ge-
    gangen: Es geht um einen
    Auftrag. 6, 38, 39, 44
Gelände das 10
gelb 60
gelegentlich 16, 17, 22
gelingen A, gelang, ist
    gelungen 81
gelten, gilt, hat gegolten:
    Die Regeln gelten. 7, 65
gemeinsam 6, 12, 44, 102
Gemeinschaft die -en 10
Gemüse das 33
Gemüseschneider der - 33
gemütlich 20
genauso ... wie 57
genügen 90
Gepäck das 56, 57
Gepäckträger der - 46, 53
gerade: Er sitzt gerade. 67
gerade: gerade richtig 26
geradeaus 99
geräumig 20
Geräusch das -e 77
gering 27, 28, 70, 100
Gernegroß der 83
Geruch der Gerüche 85
gesamte_ 70
Gesangverein der -e 96, 95, 97
gesch. (= geschiedene_) 6, 36
Geschäft das -e 39, 76, 80
Geschäft das -e: Ich mache ein
    gutes Geschäft. 49
Geschäftsführer/in der/die -/-
    nen 9, 14
Geschäftsführung die -en
    88, 94
Geschäftsjahr das -e 20
Geschäftstätigkeit die -en 60
Geschichte die: Unterneh-
    mensgeschichte 60
geschieden sein, ist geschie-
    den, war geschieden, ist

geschieden gewesen 6
Geschirr das 17, 23, 26, 36, 37
Geschwindigkeit die -en 29
Gesellschaft die -en: die mensch-
    liche Gesellschaft 9, 83
gesellschaftlich 10
Gesichtspunkt der -e 34, 48, 100
Gesprächsführung die 68, 69
gesund 54, 74, 84, 87
Gesundheit die 87, 83, 96
gesundheitlich 87
Gewinn der -e 20, 90, 105
gewinnen, gewinnt, gewann,
    hat gewonnen: Zeit / ein
    Spiel gewinnen 90, 99
Gewohnheit die -en 17
giftig 85
Gipfeltreffen das - 90
Girokonto das Girokonten 55
Glanz der 86
glatt: glatt laufen 40
gleich: Er kommt gleich. 37,
    45, 49, 74, 75
gleich: Das ist der gleiche
    Fehler. 70, 87
gleichzeitig 30, 37, 43, 59
global 20
Gloria 86
Glück das 50, 82
glücklich 10
golden 7
Gott: Du lieber Gott! 88, 95
GPS das 29
Gramm das - 57, 63
Gras das Gräser 74
Grillparty die -s 37
Grippe die 87
großartig 30
Großbrief der -e 57
Größe die 8
Großeltern (Plural) 12
Größenordnung die -en 45
Großflasche die -n 78
Großmutter die -mütter 12, 13
Großvater der -väter 12
Grund der Gründe 76, 77, 84, 87
gründen A 9, 60
gründlich 54
grundsätzlich 65
Gründung die -en 8
Gruppe die -n: Unternehmens-
    gruppe 9, 14
Gruß der Grüße 39
Grüß dich! 22
grüßen A 60
gültig 90
Gunst die 55
günstig 28, 33, 56, 98
Gutschein der -e 65
gut.tun D, tut gut, tat gut,
    hat gutgetan: Das tut mir
    gut. 103
Gymnastik die 98, 99
H
Haar das -e 104
Haftung die 56
halbtags 69, 74
Halle die -n 18, 19, 37
Hals der Hälse 54
haltbar 90
halten A von D, hält, hielt,
    hat gehalten: Was halten

Sie von ...? 7, 40
halten, hält, hielt, hat gehal-
    ten: Das Gerät hält lange. 14
halten, hält, hielt, hat gehal-
    ten WO 14
halten, hält, hielt, hat gehal-
    ten: Anteile halten 9, 14
Haltung die -en 67
Hand die Hände: Es liegt auf
    der Hand. 54
Handball der 37
Handbuch das -bücher 102
handeln als 105
handelt: es handelt sich um A
    38, 39, 44, 55
Händler/in der/die -/-nen 86
hängen lassen sich, lässt sich
    hängen, ließ sich hängen,
    hat sich hängen lassen 102
Hardware die 45
Hase der -n 85
hastig 87
Haupt- 65, 95, 99
Hausarbeit die -en 7, 13
Haushalt der -e 26, 32
Hawaii 60
Hebel der - 47
heben A, hebt, hob, hat
    gehoben 87
Hedge-Fonds der - 50
Heimat die 10, 97, 86, 97, 98
heraus.drehen A 53
heraus.kommen, kommt
    heraus, kam heraus, ist
    herausgekommen 77, 82
heraus.machen A 53
heraus.nehmen A, nimmt
    heraus, nahm heraus, hat
    herausgenommen 82
heraus.ziehen A, zieht
    heraus, zog heraus, hat
    herausgezogen 53
herein.kommen, kommt
    herein, kam herein, ist
    hereingekommen 22
Hereinspaziert! 22
her.stellen A 19
Hersteller/in der/die -/-nen 24
Herstellung die 8, 14, 18, 55
herunter.machen A 53
hervorragend 87
Herz das -en 73, 86, 87
herzlich: herzlich willkommen
    16, 18, 22, 24
HiFi 47
Hilfsbereitschaft die 100
hinein.machen A 53
hinein.schrauben A 53
hin.gehen, geht hin, ging
    hin, ist hingegangen 77, 96
hin.hören 92
hin.sehen, sieht hin, sah hin,
    hat hingesehen 92
hinten 99
hinterlassen, hinterlässt,
    hinterließ, hat hinterlassen:
    eine Nachricht hinterlassen
    58, 59, 64
hin.weisen auf A, weist hin,
    wies hin, hat hingewiesen 87
hin.werfen A, wirft hin, warf
    hin, hat hingeworfen 90

hoch 57
Höchst- 29
Höchstgewicht das -e 57
Höchstmaß das -e 57
Hochzeit die -en 67, 95
hocken WO 20
hoffen auf A 89
Hoffnung die -en 86
hoffnungslos 97
Höhe die 27, 46, 57
Holding die -s 8, 14
holen sich A 77
Horizont der -e 96
Hose die -n 67
Hubraum der -räume 28, 29
Hüfte die -n 104
Huhn das Hühner 30
Humor der 38
Hut der Hüte: unter einen Hut
    bringen 66
Hydraulik die 46

ideal 85
Illustrierte die -n 95
Imbiss der -e 19
Immobilie die -n 30
Info die -s 57
informell 39
informieren sich über A 19,
    86, 87
Inhalt der -e 90
inhaltlich 78
Initiative die -n 69
inklusive 56
Inland das 57
innen 99
Innendienst der 38
Innenpolitik die 90
Inspektion die -en 77
Instrument das -e 17
Interessent/in der/die -en/-nen 39
interessieren A 68, 88, 103
interessieren sich für A 26,
    68, 73, 78
interkulturell 75
international 75, 89
Internet-Banking das 46
Interpretation die -en 105
interpretieren A 105
investieren 89
Investition die -en 45
inwieweit 47
inzwischen 13, 37, 39, 43, 87
irgendetwas 82
irgendwas 97
Ironman der 73
irren sich 93, 102
Irrtum der Irrtümer 76, 78,
    84, 102
Island 58
israelisch 73

Jahrhundert das -e 87
jährlich 9
je nach 28
jede_ 105
jederzeit 48, 49
jemand 30, 36, 54, 80, 82, 102
jeweilige_ 55
jeweils 76, 87, 100
Job der -s 52, 60
Journal das -e 92

Jubiläum das Jubiläen 94
jung 89
Junge der -n 20

K
Kabarettist/in der/die -en/-nen 33
Kabel das - 47, 52, 76
kabellos 33, 34
Kalenderjahr das -e 49
Kampf der Kämpfe 85, 95
Kampfflugzeug das -e 30
Kapazität die -en 26, 27
Kapital das 20
kaputt 36, 105
Karte die -n: Speisekarte 50
Kasse in 23, 87
Kasse: knapp/gut/besser bei
    Kasse 46, 47, 50
Kästchen das - 73, 84
Kasten der Kästen 43
Katalog der -e 65
Kauf der Käufe 27, 29
Kaufmann der Kaufleute 67
kaufmännisch 8, 14, 28, 54
Kern der -e: Kirschkern 13
kg (= Kilogramm) 26, 28, 29
Kilogramm das - 56, 58, 62
Kilometer der - 28, 29
Kilowattstunde die -n 27
Kindergarten der -gärten 9,
    36, 37, 98
Kinderschwester die -n 74
Kinn das 99, 104
Kiste die -n 19, 59
klappen: Was klappt gut? 7,
    30, 60, 77
Klapperschlange die -n 85
klären A 78
Klasse die -n: In seiner Klasse
    ist er der Beste. 28
klasse: Das Buch ist klasse. 88
klassisch 55
Klavier das -e 16, 17
Klebstoff der -e 53
Kleider (Plural) 16
Kleidung die 99
klemmen 76, 82
Klimaanlage die -n 28, 29
Klinik die -en 86
Kloster das Klöster 70
Klubschule die -n 70
knacken 13
knapp: knapp bei Kasse 46,
    50, 52
Kneipe die -n 90
Knie das - 104
Komfort der 29, 34
komfortabel 28, 29
komisch 77, 88, 95
kommen, kommt, kam, ist
    gekommen: Das kommt
    infrage. 47
kommen, kommt, kam, ist ge-
    kommen: Es kommt zu D. 10
Kommentar der -e 87, 88, 89, 92
kommentieren A 88, 89
Kommunikation die 36
Komödie die -n 86
Kompaktbrief der -e 57
kompatibel 45
Kompetenz die -en 10, 75
Kompliment das -e 88, 95
kompliziert 30

Komponente die -n 1, 8, 19
Kompromiss der -e 10, 49, 55
Konditionen (Plural) 47
Konflikt der -e 10, 12
König/in der/die -e/-nen 90
konkret 68, 69
Konkurrenz die 20, 29
Konstruktion die -en 9, 18
kontaktfreudig 103
konzentrieren sich auf A 48
konzentriert 82
Konzern der -e 8, 10, 95
Koordination die 36, 70
Kopf der Köpfe 27, 53, 54, 82
Kopf: auf den Kopf stellen
    53, 54
Kopf: sich etwas durch den
    Kopf gehen lassen 27
Körper der - 67, 70, 104
Körperteil der -e 104
Kosten (Plural) 28, 105
kosten WIE VIEL 46, 47, 50,
    56, 57, 63, 74
kostenlos 33, 47, 82
kraftvoll 28, 33
Kraftwerk das -e 74
Krankenpfleger/in der/die
    -/-nen 74
Krankheit die -en 87
krank.melden sich 87
Krankmeldung die -en 87, 93, 95
krank.schreiben A, schreibt
    krank, schrieb krank, hat
    krankgeschrieben 87
Kreativität die 70
Kredit der -e 55
Kreditkarte die -n 46, 47, 55
Kreislauf der -läufe 87
Kreuz das -e 40
Kreuzung die -en: eine Kreu-
    zung von zwei Tierarten 30
kriechen, kriecht, kroch, ist
    gekrochen 93
kriegen A 82
Krimi der -s 86
Krise die -n 40
Kritik die -en 49, 90
kritisch 40, 50
Küche die -n 16, 17, 43
Küchenhelfer der - 33
Kuckuck der -e 20
Kugelschreiber der - 45
Kuh die Kühe 30, 74
Kühlschrank der -schränke 26
Kultur die -en 86, 87, 90, 92
kümmern sich um A 77, 78, 79
Kundendienst der 38
Kunst die Künste 50
Kurzem: vor Kurzem 73
Kuss der Küsse 42
kW (= Kilowatt) 28, 29
kWh (= Kilowattstunde) 26

L
l (= Liter) 29
Labor das -s 25,
lachen 38, 97
Laden der Läden: Ich kaufe im
    Laden um die Ecke. 98
Landweg der -e 58, 64
Länge die 57, 80
langlebig 26

Langlebigkeit die 34
Laptop der -s 27
Lärm der 20, 88, 94
Lastschrift die -en 46, 47
Lauftreff der -s 96, 97
Laufzeit die -en 47
lauten WIE 9, 90
Lautsprecher der - 38, 45,
    55, 85
lebe: Es lebe ...! 40
Lebensdauer die 33
Lebensform die -en 10
Lebenslauf der -läufe 67
Lebenspartner/in der/die
    -/-nen 10
lebhaft 45
ledig 66
leeren A 36
legen: Eier legen 30
legen: Wert legen auf A 26
Lehrbuch das -bücher 58
Lehre die -n 66, 67, 73
Lehrgang der -gänge 70
leicht 105
leicht: ganz leicht berühren 67
leiden unter D, leidet, litt,
    hat gelitten 10
leihen D A, leiht, lieh, hat
    geliehen 47, 56
leisten A 27, 29, 29
Leistung die -en 9, 27, 28, 29
Leistungsdruck der 87
leistungsstark 26, 32
Leistungsstärke die 34
leiten A 8, 9, 14, 15
Leitung die -en 9
Lenker der -: Lenker des
    Fahrrads 47, 53
Leserbrief der -e 90
letzte_ 39, 84
Letztes: als Letztes 19
Libyen 58
lieb sein D, ist, war, ist gewe-
    sen: Das ist mir lieb. 87, 99
Liebe die 66, 92
liebe_: mein lieber Freund 50
Liebesmüh die 86
Lieferant/in der/die -en/-nen 55
lieferfähig 48
Lieferschein der -e 59
liegen lassen A, lässt liegen,
    ließ liegen, hat liegen
    lassen 40
Listenpreis der -e 74
Liter der - 26, 27, 28
Literatur die -en 90
Lkw (= Lastkraftwagen) der -s
    42, 58, 64
Loch das Löcher 53
Logistik die 8, 9, 14, 36
lokal 90
Lokales 87
Lokalnachrichten (Plural) 95
Lokalzeitung die -en 95
los sein, ist los, war los, ist los
    gewesen 76, 77, 97
los.gehen, geht los, ging los,
    ist losgegangen 38, 39, 67
Lotto das 86
Luft die Lüfte 58, 64
lüften A 38
Luftpumpe die -n 52

M

Mädchen das - 66
Magazin das -e 86, 92, 95
Makler/in der/die -/-nen 30
mal: 60cm mal 30cm 56
mal: mal so, mal so 100
Management das 40, 67, 68, 70
Manager/in der/die -/-nen 50, 67, 75
manche_ 30
Mangel der Mängel 70
Mannschaft die -en 37
Mantel der Mäntel: Fahrrad- mantel 47, 52, 53
Marathon der 46, 95
Marienkäfer der - 85
Marke die -n 56
markieren A 45, 74, 105
markiert 10, 19
Markt der Märkte 50, 78, 89, 90
Marktführer der - 24
Maschine die -n 27, 72, 73
Maß das -e 26
Maßnahme die -n 44, 45
Mathematik die 90
Maus die Mäuse: Die Katze fängt eine Maus. 40
max. (= maximal) 29, 56
Maxibrief der -e 57
Medikament das -e 25, 93
mehrere_ 73
Mehrerlös der -e 50
meist 75
meisten: die/am meisten 45, 55, 85
meistens 30, 52, 79, 100
Meister/in der/die -/-nen 74
Meisterwerk das -e 90
melden A 39, 69, 90
melden sich 58
Meldung die -en 76, 87
Menge die -n 26, 27, 48, 50, 100
Mensch der -en 30
menschlich 104, 105
Menü das -s 38
merken A 20
Merkmal das -e 28, 29, 89
Messe die -n 84, 89, 94, 95
metaphorisch 30
mieten A 36, 52
Mietwohnung die -en 74
Milch die: Milch geben 30, 74
Militärtechnik die -en 30
millimetergenau 19
Million die -en 10
Mimese die 85
Mindererlös der -e 50
Mindestmaß das -e 57
Ministerium das Ministerien 87
minus 9
Mischung die -en 70
mit.arbeiten 102
Mitdenken das 68
mit.fahren, fährt mit, fuhr mit, ist mitgefahren 105
mit.gehen, geht mit, ging mit, ist mitgegangen 97
Mitglied das -er 7, 9, 97
mithilfe G 48, 50, 54, 55, 74
mit.machen 96, 99, 102
Mitmensch der -en 40, 50, 60, 70

Mitmenschlichkeit die 100
mit.nehmen A, nimmt mit, nahm mit, hat mitgenom- men 46, 105
mit.reden über A 87
mit.singen, singt mit, sang mit, hat mitgesungen 102
mit.spielen 102
mit.teilen D A 87, 99
mittel 100
Mittel das -: Transportmittel 36, 64
mittlere: die mittlere Reife 73
mit.unterschreiben A, unter- schreibt mit, unterschrieb mit, hat mitunterschrieben 102
Mixer der - 33
mm (= Millimeter) 57
Mobiltelefon das -e 27
Möchtegern der 83
Modul das -e 70
möglichst 26, 67
monatige_: 12-monatige Laufzeit 47
Moped das -s 56
Morgenblatt das -blätter 90
morgens 17
Motor der -en 28, 29
Mountainbike das -s 46, 52
MP3-Player der - 27
MTB (= Mountainbike) das -s 46, 52
Mühe die -n 93
Müll der 73
Mülleimer der - 36, 37
Mund der Münder 104
Musical das -s 86, 87
Musik die 96
Muskel der -n 70
Muskulatur die 70
Muster das - 65, 67
Mutter die Mütter 6, 10, 12, 13
Mutter die Mütter: Mutter- gesellschaft 8, 9, 14
mütterlicherseits 12
Muttersprache die -n 75
muttersprachlich 10

N

Nabe die -n 46
Nachbarschaft die 79
nach.bereiten A 39
Nachbereitung die -en 45
Nachbesprechung die -en 45, 55, 85
nachdem (Gr. S. 41) 38, 39, 43
nach.denken, denkt nach, dachte nach, hat nachge- dacht 68
Nachnahme die -n 46, 47
Nachricht die -en 20, 36, 58, 59
Nachrichten (Plural) 86, 87, 90
Nächstes: als Nächstes 19, 59
Nachteil der -e 7
Nachtigall die -en 97
Nachwuchs der 20, 68
Nacken der - 104
nahe 75
Nase die -n 20, 54, 104
Nase die: die Nase vorn haben 20

national 57
Natur die 85, 86, 92
Navigation die 27
Nebensatz der -sätze 103
Neffe der -n 56
negativ 48, 79
nennen A, nennt, nannte, hat genannt 39, 68
Nest das -er 20
Netzkabel das - 82
Neuentwicklung die -en 84
neugierig 49, 90
Neuigkeit die -en 33
neulich 76
Newsletter der - 33
nie 16, 17, 22, 40
nieder: Nieder mit ...! 40
Nomen das - 104
Nordpol der 17
Nordsee die 92
Normal- 7, 44, 53, 57, 63
normalerweise 16, 17, 22, 23
nötig 39, 49, 74, 87
Notiz die -en 33
Notizblatt das -blätter 67
notwendig 65
notwendigerweise 45
Nr. (= Nummer) 52, 76
Nummer die -n 100
Nummer sicher: auf Nummer sicher gehen 20
nutzen A 33
nützlich 39, 68
Nutzung die 70

O

oberflächlich 40
oberhalb 65
Oberschenkel der - 104
obwohl 39, 103
offen: offen besprechen 7, 12
offenbar 86
offenen: Tag der offenen Tür 80
Öffentlichkeitsarbeit die 88
OG (= Obergeschoss) das 80
Ohr das -en 104, 105
Olympische Spiele (Plural) 95
Onkel der - 7, 12
online 24, 33, 57, 63, 86
Opposition die -en 87
optimal 70
optimistisch 39, 48, 105
Ordensschwester die -n 73
ordinär 83
Organ das -e 73
Organigramm das -e 8
Organisation die -en 36, 39, 104
Originalversion die -en 97
Orthopäde/Orthopädin der/ die -n/-nen 87
Otto-Motor der -en 29

P

Paar das -e: Ehepaar 10
Paar das -e: ein Paar Schuhe 40, 52, 99
Päckchen das - 56, 57, 62, 63
Paket das -e 47, 56, 57, 60
Panne die -n 37, 39, 79
Papiere (Plural) 58, 59, 60
Partei die -en 90
Partizip das -ien 23
Partner/in der/die -/-nen 75

passend 76
Patchwork-Familie die -n 7, 10
Pech das: Pech haben 76, 82
Pedal das -e 52
per 56, 57, 60, 62
Person die -en 90
Personal das 68, 88, 89
pessimistisch 83
Pfand das Pfänder 76, 82
Pflege die 68, 74
pflegen A 20
pflegen: ein Hobby pflegen 96
Pflicht die -en 10
Pharmafirma die -firmen 69
Phase die -n 75
Philosophie die -n 9, 73, 90
Planer der - 40
Plastik das 55
platt: ein platter Reifen 53
plötzlich 10, 77, 79
Politik die 79, 86, 87, 90, 95
politisch 90
Porto das Porti 56, 57, 62, 63
Position die -en 88
positiv 48, 49, 79, 97, 103
Post die: die Deutsche Post 56, 57, 60, 62
Post die: Habe ich Post? 57
Postbote/-botin der/die -n/- nen 95
Postkarte die -n 60
Postkutscher/in der/die -/-en 63
praktisch 85
praktizieren A 46
präsentieren A 9
Praxis die: Wir lernen Theorie und Praxis. 7, 9, 50, 55, 70
Preisliste die -n 48, 74
preiswert 26
Premiere die -n 95
prima 88, 103
privat 10, 40, 99
Probe die -n: Warenprobe 65
probieren A 76, 77, 82
problematisch 80
problemlos 82
Produkt das -e 9, 29, 44
produzieren A 30
Programm das -e 92
Prospekt der -e 29, 49
Protokoll das -e 19, 88
prozentig: 100-prozentig 9, 60
Prüfstein der -e 9
Psychologe/Psychologin der/ die -n/-nen 10
Psychologie die 50
putzen A 17, 20, 22, 23, 36
Putzplan der -pläne 7

Q

Qual die -en 33
qualifizieren sich für A 73
Qualitätswesen das 88
Quelle die -n: Informations- quelle 87, 93
Quittung die -en 57
Quote die -n 87

R

Rabatt der -e 49
Rahmen der - 46, 90
Rap der -s 43
Rat der Ratschläge 36, 85, 103

Rate die -n 9, 46, 47
Ratte die -n 40
Räuber/in der/die -/-nen 95
Raum der Räume: im deutsch-sprachigen Raum 55
raus.kommen, kommt raus, kam raus, ist rausgekommen 76
Realschule die -n 67
Rechner der - 73
Rechnung die -en 47, 52, 65
Rechnungswesen das 28, 68
Recht das -e 68, 82
recht: recht haben 20, 99
rechtzeitig 54, 60
Redakteur/in der/die -e/-nen 87, 90
Redaktion die -en 87, 99
reden über A / von D 87
Regel: in der Regel 55
regelmäßig 7, 16, 17, 22, 23
Regelung die -en 88
regieren 39, 90
Regierung die -en 30
regnen 37
reich 50
reicht: Es reicht. 24
Reife die: mittlere Reife 73
Reifen der - 53
Reihe die -n: an die Reihe kommen 17
Reihenfolge die, -n 38
rein: rein gar nichts 90
reinigen A 49
Reinigung die -en 72, 78
rein.kommen, kommt rein, kam rein, ist reingekommen 22
Reklamation die -en 9, 38, 44
reklamieren 44, 77, 79, 84
Rekord der -e 90
relativ 50
Reparatur die -en 36, 78, 82
Report der 92
Reportage die -n 86, 87, 92
respektieren A 7, 12
restlich 100
retten A 97
Rettung die 96, 97
Revue die -n 86
Rezeption die 80
Rhetorik die 70
Rhythmus der Rhythmen 43
richten sich an A 70
richtig 68, 70
riesig 89
Risiko das Risiken 7, 40, 43, 49
Rolle die -n: mit verteilten Rollen 67, 69, 77
Rollenspiel das -e 76
Rückblick der -e 89, 95
Rücken der - 70, 87, 93, 98
Rückgang der -gänge 87
Rückgeld das 76, 82
Rückkehr die 67
rückläufig 87, 95
Rückmail die -s 42
Rücknahme die 76, 82
Rückruf der -e 84
Rückschritt der -e 70, 75
Rückstand der -stände 75
Rücktritt der: Rücktrittbremse 46

rückwärts 70
Ruf der -e 86
rufen, ruft, rief, hat gerufen 40
Ruhestand der: in den Ruhestand gehen 88, 94
ruhig 78
rund: Es geht rund. 45, 67, 69
rund: rund 82 Millionen 10, 95
Runde die -n 45
runter.fallen, fällt runter, fiel runter, ist runtergefallen 84

S
Sachkosten (Plural) 49
Sachverhalt der -e 79
sammeln A 37, 67
Sammler/in der/die -/-en 73
samstags 17
Sänger/in der/die -/-en 33, 97
Sattel der Sättel 46, 47, 52
sauber 20, 53, 78
säubern A 53
Sauna die Saunen 10
Scanner der - 87
Schach das 96, 97
schade 88, 89, 95
schadhaft 53
Schaf das -e 30
schaffen A 105
Schalter der -: Postschalter 57, 80
Schalthebel der - 47
Schaltung die -en 46, 52, 53
Schatz der Schätze 92
schätzen A 10
schau mal 47
schauen 80, 99
Schauplatz der -plätze 80
Scheibenbremse die -n 47
Scheidung die -en 10
Schicht die -en: Schichtarbeit 69, 74
Schicksal das -e 86
schieben A, schiebt, schob, hat geschoben 87
Schiff das -e 58, 64
schildern A 67, 76, 77
schlafen, schläft, schlief, hat geschlafen 79
Schlafzimmer das - 22
Schlagzeile die -n 90
Schlange die -n 87
Schlauch der Schläuche 52, 53
schlecht: Das geht schlecht. / Das verkauft sich schlecht. 50
schlimm 43, 99, 88, 89, 95
Schloss das Schlösser: das Schloss aufschließen 76
Schlüssel der - 76, 79, 82
Schnelligkeit die 34
Schnitzel das - 30
Schokolade die 77
Schönheit die -en 84
schöpfen: Hoffnung schöpfen 86
Schreibblock der -blöcke 45, 55, 85
Schrift die -en 44
schriftlich 45, 55
Schriftwechsel der - 53
Schritt die -e: die nächsten Schritte 58, 67, 79

Schuldige der/die -n 85
Schüler/in der/die -/-en 43
Schulter die -n 99, 104, 105
Schulung die -en 75
Schutz der 44, 88, 94
Schutzblech das -e 46, 52
Schwager/Schwägerin der/die Schwäger/-nen 12
Schwarzseher/in der/die -/-nen 83
schweigen, schweigt, schwieg, hat geschwiegen 102
Schwein das -e 30
schwer: Der Koffer ist schwer. 19
schwer: schwer krank 66
Schwerpunkt der -e 48
Schwester die -n 6, 7, 12, 13
Schwiegereltern (Plural) 12
Schwiegermutter die -mütter 12, 13
Schwiegersohn der -söhne 12
Schwiegertochter die -töchter 12
Schwiegervater der -väter 12
schwierig 7, 73, 105
Schwimmkurs der -e 97
sechst: zu sechst 37
See die 58, 60, 64
Seefisch der -e 58
seit (Gr. S. 41) 39
Seitenblick der -e 86
seitlich 99
selbst 10, 49, 56, 74
Selbst- 40, 52, 68
selbst: Selbst mir kann das passieren. 30
Sendung die -en: Post-/Fernsehsendung 57, 65, 87, 92
Sendungsverfolgung die 56
serienmäßig 28
Service der 60, 77
servieren A 45, 55
Shop der -s 33
Show die -s 86
sicher: Das ist sicher teuer. 49
sicher: Ich bin (mir) sicher, wir ... 48, 89
sicher: Internet-Banking ist sicher. 47
sicher: Sie hat ein sicheres Auftreten. 70
Sicherheitsschuh der -e 44
sichtbar 49
Signal das -e 67
signalisieren A 80
Silber das 46
sinken, sinkt, sank, ist gesunken 87, 94
Sinn: im ursprünglichen Sinn 55
Situation die -en 70
Sitz der -e 8, 28
sitzen, sitzt, saß, hat gesessen: Das Teil sitzt gut. 53
Sitzordnung die -en 38
Sitzplatz der -plätze 29, 52
Sitzung die -en 88, 98
Skeptiker/in der/die -/-nen 40
Ski laufen, läuft, lief, ist gelaufen 17
Slogan der -s 8

Small Talk der 39, 75
Sofa das -s 56
Software die 45
Sog der 86
sogar 10, 75
Sohn der Söhne 7, 12, 13
solange (Gr. S. 41) 38, 39, 52
solche_ 10, 90
Soldat/in der/die -en/-nen 73
solide 90
Sonderangebot das -e 27, 33
sondern: Ich möchte nicht den, sondern den. 47, 75
sondern: nicht nur ... sondern auch 45, 48
Sonne die -n 22
sonntags 17
sonst (Gr. S. 61) 58, 59, 65
Sorge die -n 77, 84, 89, 93, 94
sorgen für A 28, 29, 38, 45
Sortiment das -e 33
sozial 10
Sozialleistung die -en 44
Spalte die -n 40
sparen A 50, 57, 63
sparsam 26, 27, 29
Spaß der: Das macht mir Spaß. 39, 90, 96, 103
Spaßvogel der -vögel 38
Spedition die -en 58, 59
Speicherkapazität die -en 26
Spender/in der/die -/-nen 86
Spezial- 19, 86
Spezialist/in der/die -en/-nen 53
Spiegel der - 67
Spiel das -e: ins Spiel bringen 49
Spielball der -bälle 40
Spielfilm der -e 86, 92
sportlich 73, 97
sprachlich 53, 69, 78
Sprechstunde die -n 88, 94
spreizen A 99
Spülbecken das - 23
spülen: Geschirr spülen 17, 23, 36, 37
Spülmaschine die -n 26
Spur die -en 28
Staat der -en 30
Staatspräsident/in der/die -en/-nen 90, 95
Stabilisation die 70
Stabilität die 70
Stadtplan der -pläne 102
Stadtrad das -räder 46, 52
stammen WOHER 10, 30, 87
Stammtisch der -e 96, 97, 98
Stand der Stände: Messestand 94
Standard der -s 57, 63
Ständer der - 38, 46, 53
stark 50, 85
stark: stark zu-/abnehmen 103
Stärkung die -en 70
Station die -en 66, 67
Statistik die -en 87, 93
statt G 46, 80
statt.finden, findet statt, fand statt, hat stattgefunden 70, 94
Staubsauger der - 26, 27
stecken: in Schwierigkeiten / im Stau stecken 105

steht: Wie steht es? 20
steigen, steigt, stieg, ist
    gestiegen 10, 20, 75
Stelle die: auf der Stelle
    treten 70
Stelle die -n: Ausbildungs-
    stelle 66, 74
Stelle die -n: die schadhafte
    Stelle 53, 83
stellen: eine Bedingung / eine
    Anforderung stellen 38, 70
Stellungnahme die -n 89, 99
sterben, stirbt, starb, ist
    gestorben 6
Sterntaler der - 73
Steuerung die -en 19, 24
Stichpunkt der -e 45, 59
Stichwort das -e/-wörter
    19, 48, 67, 97
still: still sitzen 67
Stillstand der -stände 70, 75
stimmt: Das stimmt. 7, 40,
    75, 76
Stimmung die -en 38, 39
stören A 80, 90
Störenfried der -e 83
störungsfrei 34
Strategie die -n 50, 85
Strecke die -n 86
strecken A 99, 104
Streit der 7, 83
stressbedingt 87
Strom der 26, 27, 82
Struktur die -en 9, 19
Stückzahl die -en 100
Stufe die -n 68
Stuhl der Stühle 50
stundenlang 85
Sturm der Stürme 92
Südafrika 9
südlich 89
Super- 29
Suppe die -n 50, 79
surfen 16
Systemanalytiker/in der/die
    -/-nen 67
Szene die -n 96, 98, 100

T

Tablette die -n 25, 87
Tafel die -n: eine Tafel
    Schokolade 77
Tageslichtprojektor der -en 38
Tagesordnung die -en 85, 88
Tagesschau die -en 86, 92
Tageszeitung die -en 86, 95
täglich 36, 85
Tagung die -en 38, 45, 55
Taktfrequenz die -en 35
Talkshow die -s 86
Tante die -n 7, 12
tanzen 52
Tarif der -e 57, 63
Tarnung die -en 85
Tasche die -n 67
Tat: in der Tat 45
tätig 60, 75
Tatort der -e 86, 92
Tatsache die -n 75
täuschen sich 78, 84
teamfähig 100
Technik die -en 28, 38, 67
technisch 29, 53, 54, 89

Teil der -e 8
Teilefertigung die 9
teil.nehmen an D, nimmt teil,
    nahm teil, hat teilgenom-
    men 10, 37
Teilzeit die 9, 10
Telearbeitsplatz der -plätze 10
Telefonat das -e 37, 59
Temperament das -e 86, 92
Terrasse die -n 20
Test der -s 40
testen A 19, 38, 45, 48, 55
Theater das - 17
theatralisch 40
Thema das Themen 80, 87, 90
Theorie die -n 7, 9, 55
These die -n 86, 92
tief 26, 27
Tiefe die -n 34
tiefliegend 70
Tier das -e 30, 85
Tiger/in der/die -/-nen 70
Tipp der -s 47, 79
Titel der - 74, 86, 92
Tochter die Töchter: Tochter-
    unternehmen 8, 9, 23
Toilette die -n 72, 80
toll 20, 88, 89, 95, 105
Ton der Töne 80
Top der -s 46
töten A 85
Tour die -en 56
Tourismus der 102
traditionell 90
tragen, trägt, trug, hat
    getragen: Er trägt den
    Namen seines Vaters. 7, 12
tragen, trägt, trug, hat ge-
    tragen: Sie trägt eine rote
    Bluse. 99
Training das -s 70, 75
Transplantation die -en 73
Transport der -e 25, 36, 58,
    60, 64
transportbereit 58
Transporter der - 28, 36, 42
transportieren A 28, 29
Traum der Träume: Traum-
    haus/Traumjob 30, 69
treffen sich mit D, trifft sich,
    traf sich, hat sich getroffen
    73, 84
treffen, trifft, traf, hat
    getroffen: eine Entschei-
    dung / eine Vereinbarung
    treffen 29, 68, 69, 102
treiben, treibt, trieb, hat
    getrieben: Sport treiben 96
Treibstoff der -e 28
trennen A 99
trennen sich 6, 12, 13
Trennung die -en 10
Treppe die -n 80, 84
treten, tritt, trat, ist getreten:
    auf der Stelle treten 70
Treue die: Termintreue 39
Triathlon der 73
trocknen, ist getrocknet 53
trotz G 54
tun: etwas zu tun haben mit
    D 87, 89
Tunichtgut der 83

Turbine die -n 8, 14, 19, 58, 89
Turnier das -e 37
TV (= Television) 86, 87

U

üben A 16, 17, 67
überall 83, 93
übereinander 99
überein.stimmen in D 87
überfliegen, überfliegt, über-
    flog, hat überflogen: den
    Text überfliegen 87
übergabebereit 58
überhaupt 6
Überholspur die -en 89
Überleben das 85
überlegen A 43, 85, 87
Überlegung die -en 45
übermorgen 97
übernächste_ 43
übernachten 16
Übernachtung die -en 46
übernehmen A, übernimmt,
    übernahm, hat übernom-
    men 7, 9, 13, 15, 23
überprüfen A 30, 59
Überraschung die -en 39, 40,
    80
überschreiten A, überschrei-
    tet, überschritt, hat über-
    schritten 57
Überschrift die -en 89
übersehen A, übersieht,
    übersah, hat übersehen
    100
übersetzen A 49
Übersetzung die -en 52, 54,
    55
Übersicht die -en 67
Überstunde die -n 87
übertragen A, überträgt,
    übertrug, hat übertragen
    40
überwachen A 69
überweisen, überweist,
    überwies, hat überwiesen:
    einen Geldbetrag überwei-
    sen 47
Überweisung die -en 46, 47,
    53
überzeugen A 49
übrigens 77
Übung die -en: Ich bin aus der
    Übung. 97
um ... zu 103
um.drehen A 97
umfassen A: Die Tagesord-
    nung umfasst drei TOPs.
    69, 100
umgehend 78
umgekehrt 72, 99, 104
Umsatz der Umsätze 20
Umtausch der 77, 82
um.tauschen A 82
Umwelt die 9, 15
umweltfreundlich 56
um.ziehen von ... nach ...,
    zieht um, zog um, ist um-
    gezogen 52, 60
Umzug der Umzüge 36, 42,
    55, 105
Umzugsgut das 58
unangemeldet 77, 80

unangenehm 85
unauffällig 85
unbar 55
unbedingt 50, 77
unbegrenzt 29
Unfall der Unfälle 39, 42, 43
unheimlich 20
unmöglich 20, 93
unpolitisch 76
Unterbrechung die -en 54,
    78, 84
unter.bringen A, bringt
    unter, brachte unter, hat
    untergebracht 20, 25
untereinander 75
unterhalten sich über A,
    unterhält sich, unterhielt
    sich, hat sich unterhalten
    79, 96
Unterlage die -n 44
unterlassen A, unterlässt, un-
    terließ, hat unterlassen 78
unterlegen A WIE: das grau
    unterlegte Wort 55
Unternehmer/in der/die -/-nen
    73
unterscheiden A von D,
    unterscheidet, unterschied,
    hat unterschieden 40, 100
unterscheiden sich in
    D, unterscheidet sich,
    unterschied sich, hat sich
    unterschieden 87
Unterschenkel der - 104
Unterschied der -e: im Unter-
    schied zu ... 52, 90
unterschiedlich 55, 105
unterstrichen 83
unterstützen A 45
untersuchen A 40, 54
Untertitel der - 97
Untier das -e 40
ursprünglich 55
USA 58, 60

V

Ventil das -e 47, 53
verabschieden A 79
Verabschiedung die -en 19,
    88, 94
Veränderung die -en 70
Veranstaltung die -en 39
verantwortlich 38
Verantwortung die 9, 15
Verarbeitung die 28
Verb das -en 103
verbessern A 9, 20, 87, 96
Verbesserung die -en 9, 99
verbinden A mit D, verbin-
    det, verband, hat verbun-
    den 64
verbindlich 48
Verbot das -e 54
verboten 80
Verbrauch der 26, 27, 28
Verbraucher/in der/die -/-nen 53
verbreiten A 85
verbreitet 55
verbringen A, verbringt,
    verbrachte, hat verbracht:
    die Ferien verbringen 7
verdienen A 88
Verein der -e 96

verfahren sich, verfährt sich, verfuhr sich, hat sich verfahren 52
verfolgen A 85
verfügen über A 28, 29, 30, 85
vergebens 40
vergessen A, vergisst, vergaß, hat vergessen 100
Vergleich der -e 7, 27, 29, 74
verhandelbar 46
verhandeln 15, 24, 75
Verhandlung die -en 68
Verkehr der 20, 52
verkürzen A 10
verladen A, verlädt, verlud, hat verladen 18, 19, 58, 59
Verladung die 59
Verlag der -e 90
verlangen A 7, 10, 30, 57, 77, 82
verlängern A 10, 49
verlassen A, verlässt, verließ, hat verlassen 99
verlassen sich auf A, verlässt sich, verließ sich, hat sich verlassen 79, 83, 84, 93
verlaufen, verläuft, verlief, ist verlaufen: Es ist gut verlaufen. 58
Verleger/in der/die -/-nen 90
verletzen sich 37
verlieben sich 104
verlieren sich, verliert sich, verlor sich, hat sich verloren 40
verlieren A, verliert, verlor, hat verloren: Zeit/Geld/ein Spiel verlieren 59, 86, 87
Verlust der -e 87
vermeiden A, vermeidet, vermied, hat vermieden 7, 15, 45, 49
Vermischtes 87, 90
Vermutung die -en 89
veröffentlichen A 49
verpacken A 19, 25, 59
Verpackung die -en 56, 69
Versammlung die -en 88, 94, 95, 96, 97
Versand der 9, 19, 33, 47, 48
versandfertig 19
versäumen A 48
verschenken A 73
verschicken A 39, 56, 62
verschiedene_ 10
verschlafen A, verschläft, verschlief, hat verschlafen 17
versenden, versendet, versendete/versandte, hat versendet/versandt A 18, 58, 62, 64
versetzen A 88
Versetzung die -en 88
verspätet 79
versprechen D A, verspricht, versprach, hat versprochen 36, 42, 64, 84
Versprechen das - 33
Verständnis das 74, 78
verstecken sich 85
verstehen A unter D, versteht, verstand, hat verstanden 39

Versuch der -e 76
versuchen A 90
Versuchslabor das -s 9, 15, 18, 19
verteidigen A 85
Verteidigung die 85
verteilen A unter D 17, 23, 36, 38
vertippen sich 93
Vertrag der Verträge 100
vertreten A, vertritt, vertrat, hat vertreten 77
Vertreter/in der/die -/-nen 36
Vertretung die -en 28, 29
Vertrieb der 8, 9, 14, 28
Verwaltung die 8, 9, 14, 28
Verwandte der/die -n 12, 16
verwenden A 43, 103
VHB (= Verhandlungsbasis) die 46
VHS (= Volkshochschule) die 70, 97, 103
vielfältig 30
Vielseitigkeit die 30
Viertel das 73
Vitrine die -n 56
Vogel der Vögel 20
Volkshochschule die -n 70, 96, 97
vollautomatisch 24
völlig 38, 80
Vollzeit die 69, 74
vorangegangen 10
Vorarbeiter/in der/die -/-nen 74
voraus.denken, denkt voraus, dachte voraus, hat vorausgedacht 68
Voraussetzung die -en 105
voraussichtlich 46
vorbei.bringen A, bringt vorbei, brachte vorbei, hat vorbeigebracht 77
vorbei.gehen, geht vorbei, ging vorbei, ist vorbeigegangen 80
vorbei.kommen, kommt vorbei, kam vorbei, ist vorbeigekommen 46
Vordruck der -e 65
Vorführung die -en 19
vor.haben A, hat vor, hatte vor, hat vorgehabt 69, 97
vorige_ 87
Vorjahr das 78
Vorkenntnis die -se 70
vor.kommen, kommt vor, kam vor, ist vorgekommen 8, 82
vor.lesen A, liest vor, las vor, hat vorgelesen 97
Vorliebe die -n 10
vor.liegen, liegt vor, lag vor, hat vorgelegen 102
vor.machen: eine Übung vormachen 99
Vormittag der -e 105
vormittags 69
vorn: die Nase vorn haben 20
vorne: nach vorne gebeugt 67, 99
vor.schalten A 75
vor.schlagen D A, schlägt vor, schlug vor, hat vorgeschlagen 36, 48, 86, 97

vorsichtig 87
Vorsitzende der/die -n 88
Vorsorge die -n 87, 93
vorsorglich 85
Vorstellung die -en: Wir haben unterschiedliche Vorstellungen. 55
vorteilhaft 105
Vortrag der Vorträge 67
vorwärts 70
W
wach 78
Wachhund der -e 30
wachsen, wächst, wuchs, ist gewachsen 105
Wagen der - 36, 77
Wahl die: nach Ihrer Wahl 55, 85, 86, 88
wählen A 86
wahlweise 90
wahr: nicht wahr? 9, 48, 90
während (Gr. S. 41) 38, 39, 43, 52, 54
Wahrheit die -en 40
wahrscheinlich 77, 89
Wald der Wälder 20
Waldlauf der -läufe 103
Wanderung die -en 37
wär's: Wie wär's mit ...? 36
wäre: Wäre das was für dich? 47
Warenwert der 33
warnen A vor D 68, 69
warten auf A 77, 84
Wartung die -en 28
Wäsche die 16, 22, 27
waschen A, wäscht, hat gewaschen 16, 22, 27
Waschgang der -gänge 26, 27
Waschmaschine die -n 16, 26, 27, 47
Watt das 26
wechseln: Der Automat wechselt nicht. 76
wecken: Interesse wecken 39, 99
weg sein, ist weg, war weg, ist weg gewesen 64
wegen G 54
weg.gehen, geht weg, ging weg, ist weggegangen 66
weh.tun D, tut weh, tat weh, hat wehgetan 87
weit: Es ist so weit. 20, 89
weiter: So geht es nicht weiter. 103
weiter.arbeiten 79, 85
weiter.bilden sich 70
weiter.gehen, geht weiter, ging weiter, ist weitergegangen: Wie geht es weiter? 43, 66, 103
weiter.kommen, kommt weiter, kam weiter, ist weitergekommen 39
weiter.leiten A 80
welche_ 47, 49
Wellness die 70
wenden sich an A 33
wenn 36, 39, 50, 52, 57, 59, 63, 65 (Gr. S. 61)
wenigstens 67

Werbung die 48, 78, 88, 93
Werdegang der 66, 67, 70
Werk das -e 10, 18, 14, 19
Wert: Wert legen auf viel Urlaub 26, 99
wertvoll 105
Wetter das 30
widersprechen D, widerspricht, widersprach, hat widersprochen 90
wiegen WIE VIEL, wiegt, wog, hat gewogen 56, 57, 63
Wirklichkeit die 25
wirksam 70
Wirtschaft die 79, 87, 90, 95
wirtschaftlich 26, 28, 29
Wirtschaftlichkeit die 28, 29
Wissen das 90
woanders 76, 82
Wochenende das -n 99
wofür? 46
Wohngemeinschaft die -en 10, 17
Wohnheim das -e 17, 23
Wohnzimmer das - 16, 17, 22
Wolle die 30
Wollmilchsau die -säue 30
Wort: zu Wort kommen lassen 48
Worte: Er spricht klare Worte. 48
Wörterbuch das -bücher 54
worum? 44
Wunder das - 92
wunderbar 40
wundern sich über A 83, 84
wundern: Das wundert mich. 70
wunderschön 20
wünschen sich A 10, 70, 100
wütend 90
Z
zahlen 46, 47, 52, 68
zahlreich 45
Zahlung die -en 38, 46, 47, 49
Zahlungsmittel das - 55
Zahlungsverkehr der 65
Zahlungsziel das -e 49
Zahn der Zähne 104
Zahnarzt/Zahnärztin der/die -ärzte/-nen 77
Zeh der -en 104
zeichnen A 7, 9
zeitgleich 47
Zeitschrift die -en 49, 95
Zeitung die -en 86, 88, 95
Zentrale die -n 60
Zentrum das Zentren 19, 24, 102
Zettel der - 36, 37
Ziffer die -n 53, 74
Zins der -en 47
Zirkus der 70
Zoll: 26-Zoll-Reifen 46
Zoll der Zölle 60
zoologisch: der zoologische Garten 30
zu.bereiten A 34
zueinander 70
Zufriedenheit die 100
Zug der Züge 56

zugelassen 65
zu.greifen, greift zu, griff zu, hat zugegriffen 50
zu.hören D 92
Zuladung die -en 28, 29
Zulieferer der - 19, 24
Zulieferteil das -e 14, 15
Zunahme die -n 94
zu.nehmen, nimmt zu, nahm zu, hat zugenommen 10, 87, 94, 103
zunehmend 87
Zungenbrecher der - 13
zurecht.kommen, kommt zurecht, kam zurecht, ist zurechtgekommen 13
zurück 48, 67, 77, 82
zurück.bilden sich 70
zurück.führen A 44
zurück.geben D A, gibt zurück, gab zurück, hat zurückgegeben 76, 82
zurück.gehen, geht zurück, ging zurück, ist zurückge-gangen 6
zurück.nehmen A, nimmt zurück, nahm zurück, hat zurückgenommen 49
zurück.rufen, ruft zurück, rief zurück, hat zurückge-rufen 58, 59, 64
zurück.schicken A 56
Zusage die -n 38, 44, 79
zu.sagen D A 38, 85
Zusammenarbeit die 89, 95
zusammen.bauen A 18, 19, 24, 25
zusammen.fassen A 10, 19, 33, 45
Zusammenfassung die -en 10, 33, 74
zusammen.gehören 99
zusammengewürfelt 10
zusammen.leben 10
Zusammenleben das 7, 10, 12, 17, 23
zusammen.passen 84
zusammen.rücken, rückten zusammen, sind zusam-mengerückt 20
zusätzlich 10, 57
Zuschlag der Zuschläge 57
zu.sehen D, sieht zu, sah zu, hat zugesehen 92
Zustand der Zustände 46
Zustandekommen das 105
zu.stellen A 57, 62, 63
Zusteller/in der/die -/-nen 47
Zustellung die -en 60
zu.stimmen D 93
Zustimmung die 93
zu.treffen auf A, trifft zu, traf zu, hat zugetroffen 40
Zuversicht die 89, 95
Zweiergruppe die -n 39
zweimal 70
Zwischenfall der -fälle 39
Zwischenruf der -e 87
Zwischenzeit die 37, 43

Titelbild: © Strandperle/Fancy
S. 6:   © Chromorange, Rosenheim
S. 8:   © Fuhrländer AG
S. 10: © Associated Press
S. 16: © Chromorange, Rosenheim
S. 17: v. oben links: © iStockphoto/Naomi Bassitt, © iStockphoto/Slobo Mitic, © imago/Jochen Tack, © ullstein bild/Sylent Press, © imago/Jochen Tack, © iStockphoto/Rhienna Cutler, © iStockphoto/CandyBoxPhoto
S. 18: oben © Wasserkraft Volk AG, unten von links oben: © digitalstock/A. Pobitzer, © Okapia/Peter Bowater, © laif/Bally/Keystone Schweiz, © iStockphoto/Paul Kooi, © iStockphoto/Alexey Zarodov
S. 20: von links: © Chromorange, Rosenheim, © iStockphoto/Andy Gehrig, © getty images/Tim Graham Royal Photos
S. 21: © MHV-Archiv
S. 22: oben © iStockphoto, unten: Kaffeemühle © iStockphoto/NREY, Kaffeekanne © Bildunion/10002, Wasserkocher © Philips
S. 24: oben © panthermedia/Janus Josef P. , unten © Dres. Noerbert Becker und Jörg Braunert
S. 26: oben © Chromorange, Rosenheim, unten von links: © fotolia/Ericos, © fotolia/Photlook, © fotolia/kai-creativ
S. 27: Kamera, MP3-Player, Computer © fotolia, Bügeleisen, Beamer, Staubsauger © iStockphoto, Herd © panthermedia/ Andreas P.
S. 28: © iStockphoto/Tomml
S. 29: © iStockphoto/Stratesigns Inc.
S. 31: © iStockphoto/grimgram (2x)
S. 32: oben von links: © Bauknecht Hausgeräte, © Siemens Hausgeräte, © fotolia/Adnan Music, iStock-photo/Sharon Dominick, © iStockphoto/stoupa, © Siemens Hausgeräte (3x), Mitte © fotolia/Visionär, unten von oben links: © Siemens Hausgeräte (3x), © fotolia/Cemil Adakale
S. 33: oben von oben links: © iStockphoto (2x), © Siemens Hausgeräte, © fotolia/photlook, unten © Bundesarchiv
S. 34: von links: © fotolia/Dragan Radojkovic, © fotolia/Adnan Music, © iStockphoto/manley99
S. 35: von links: © iStockphoto/Suprijono Suharjoto, © MHV-Archiv
S. 36: © Chromorange, Rosenheim
S. 38: © iStockphoto/Alex Brosa
S. 40: © iStockphoto/Alexander Ishchenko
S. 45: © iStockphoto/Joshua Hodge Photography
S. 46: oben © Chromorange. Rosenheim, unten © Hotel Gates Berlin/Jo Neander
S. 47: © iStockphoto/Sven Hermann
S. 48: © iStockphoto/nyul
S. 50: © iStockphoto/Floortje
S. 52: von links: © MHV-Archiv, © iStockphoto/ Sven Hermann
S. 53: oben rechts © Deutsche Bank, unten von links oben: © fotolia/stef, iStockphoto/ Timothy Large, iStockphoto/Dagmar Heymans, iStockphoto/Cebas
S. 56: mit freundlicher Genehmigung der Deutsche Post DHL
S. 57: © Deutsche Post DHL (2x)
S. 58: von oben links: © iStockphoto/Frank van den Berg, iStockphoto/Christian Lagereek, © Deutsche Post DHL, © fotolia/choicegraphx, © panthermedia/Heinz-Jürgen L., © iStockphoto/ Carole Gomez, © iStockphoto/ TommL
S. 59: oben links © iStockphoto/Kristian Sekulic, oben rechts © iStockphoto/ Vyacheslav Shramko, unten von links: © Norbert Becker und Jörg Braunert (2x), © iStockphoto/choicegraphx
S. 60: oben © Deutsche Post DHL, Mitte © iStockphoto/Brian Opyd, unten © irisblende.de
S. 63: oben © MHV-Archiv, unten © panthermedia/Helga S.
S. 64: von links: © panthermedia/Heinz-Jürgen L., © iStockphoto/ Frank van den Berg, © iStockphoto/ Christian Lagereek, © fotolia/Peer Frings
S. 66: Text von Thomas Mann aus „Betrachtungen eines Unpolitischen" © S. Fischer Verlag GmbH, Fotos © Foto Huber, Radolfzell
S. 68: © Chromorange, Rosenheim
S. 70: rechts © irisblende.de
S. 73: von links: © AP Photo/ Hermann J. Knippertz, Laif/ VU/ Denis Dailleux, © Michael Lauk, © Laif/ Julia Baier
S. 76: von oben links: © fotolia/mikele, © MHV-Archiv (3x), © Colourbox, © Chromorange, Rosenheim, © iStockphoto/ Mustafa Deliormanli
S. 77: © pitopia/ Hans Schuldes
S. 78: © Chromorange, Rosenheim
S. 80: 1 © panthermedia/ Martina B., 2,3,6,7,8,12 © MHV-Archiv, 10 © action press/Eisenkrätzer, Thomas, 11 © panthermedai/ Axel H.,16 © Dr. Jörg Braunert, 14 © imago/ Imagebroker
S. 85: von links: © panthermedia/Herbert K., © panthermedia/Alf Drosdziok, © iStockphoto/John Bell, © panthermedia/Ingeborg Knol
S. 86: links © Colourbox, Mitte © MHV-Archiv (3x), rechts © NZ Netzeitung GmbH
S. 88: oben © iStockphoto/123render, Mitte Grafik © fotolia/ Bertold Werkmann, Messestand rechts © Dres. Norbert Becker und Jörg Braunert
S. 89: © Foto Huber, Radolfzell
S. 90: © Tilo Pätzolt (2x)
S. 93: Mitte links von Wilhelm Busch, Mitte rechts © culture-images
S. 95: Zeitungen und Logos mit freundlicher Genehmigung der jeweiligen Redaktion, 3 © iStockphoto/Alexandru Romanciuc
S. 96: von links oben: © irisblende.de, © www.filmclub-blendwerk.de, © iStockphoto/by_nicolas, © mauritius images/age, © vario images/ Cultura, © Picture Alliance/ Wolfang Thieme, © iStockphoto/technotr
S. 97: © Chromorange, Rosenheim
S. 98: Kantine © Alexander Keller, Betriebsarzt © iStockphoto/Chris Rogers, Afterwork © fotolia/En-gine Images, Betriebssport © Picture Alliance/dpa, Kindergarten © iStockphoto/mümin inan, Betriebsrat © Dres Norbert Becker und Jörg Braunert
S. 99: © MHV-Archiv
S. 100: von oben links: © panthermedia/Monkeybusiness, © Shotshop/Frank Röder, © iStockphoto/H-Gall, © iStockphoto/Anna Bryukhanova, © iStockphoto/ Catherine Yeulet, © iStockphoto/ Dean Mitchell, © Shotshop/Monkeybusiness, © iStockphoto/ Carole Gomez, © iStockphoto/ Godfried Edelman, © fotolia/ Franz Pfluegl, © iStockphoto/Chris Schmidt, © panthermedia/ Torsten T.
S. 104: © panthermedia/Artur B.